庫

サムライ

六代目山口組直参　落合勇治の半生

山平重樹

徳間書店

目次

序

「落合勇治と申します。よろしくお願いします」

アクリル板の向こう側で、その人は一礼し、笑みを湛えて私を迎えてくれた。それはこちらを温かく包みこんでくれるような笑顔だった。

初対面であり、なおかつ東京拘置所の面会室という、とりわけ緊張を強いられる場所なのに、会った瞬間から懐かしさすら感じさせてくれる人——六代目山口組直参、二代目小西一家落合勇治総長はそんな親分であった。

その感は話をするにつれ一層強まり、何だか、もうずっと前から親しくさせてもらっている人のように思えてくるから不思議だった。

人間好きであるとは、後に総長が自らの手紙で語ってくれたことだが、なるほど失礼を顧みずに言えば、総長からは人懐っこさが感じられた。気難しさや気どったところはみじんもないのだ。昔から私の本の愛読者と仰り、私のことをよく知ってくれているのにも驚かされた。

私も人間好きなことでは人後（じんご）に落ちないとはいえ、もともとが照れ性で人と親しくなるのに時間がかかるタイプなのだが、初対面でこれほど話が弾んだ経験というのも珍しかった。いつか自分が拘置所の面会室にいるのも忘れ、まるで街中の喫茶店かどこかで話しているかのような感覚に襲われたものだ。

面会時間があっという間に過ぎても、まだ話し足りないほどだった。励まさなければならない立場であるはずなのに、面会が終わって気がつくと、元気になっていたのはむしろ私のほうだった。

同行してくれた小西一家の小牧利之代行にそのことを話すと、

「そうなんですよ。面会してくださったかたは、皆さん、総長からパワーをもらったと言ってくれるんですよ」

と応えてくれたものだ。とんだ逆転現象であった。

とはいえ、やはり私に対する総長の所作は、こちらの緊張を解こうとして気遣ってくれたやさしさであるとは、あとで気づいたことだった。

だが、それにつけても落合勇治という人の胆力、精神力の強さは只（ただ）ごとではないと実感せざるを得なかった。

埼玉県警に逮捕され、勾留されてすでに7年。落合総長が問われているのは、一家の抗争事件に絡んで若い衆に「行け」と報復殺人を指示したという組織犯罪処罰法違反（組織的殺人）であった。しかし、総長は当初から一貫して、

「私は殺害の指示も共謀もしておりません」

と容疑を否認し、裁判でも無罪を主張し続けてきたのだが、面会時は一審、控訴審とも無期懲役の判決が下され、上告中の身であった。

いわば、断崖絶壁の上に立たされ、あとのないギリギリの土壇場ともいえる状況なわけで、並の者なら失意と絶望の底に沈んでペシャンコになるところだろう。

それを総長は、いささかも動揺した様子も見せず、法廷でもつねに堂々たる所作で、かねて信条とする「サムライの気概」を見せつけている。いったいその強さはどこから来るものなのだろうか。

《私の座右の銘の中に「畳の上で死するは男子一生の恥辱なり」という宮崎滔天（みやざきとうてん）の言葉があります。これは一回目の長期で入ってすぐの頃から座右の銘にして来ましたし、田岡の親分が病床の枕元に「落ちてなお色のかわらぬ椿かな」という大阪大学名誉教授の岩永氏の句を飾ってあったという事が、田岡一雄自伝の中にあったと思うのですが、その句を思い出したりして心の支えとして自分を律してきました。親分（司忍六

代目）が「直参と言ってふんぞり返っていては駄目。何事も率先垂範。死ぬまで修行」と教示された言葉も、言われてからずっと頭にも胸にも大きく占めております。「死ぬまで修行！」と》

とは、落合総長からの手紙のなかにあった文言だった。

総長はすでに若くして辞世の歌も詠んでいた。かねがね文士としてより武士として尊敬の念を抱いていた三島由紀夫の「散るをいとふ　世にも人にも先がけて　散るこそ花と吹く小夜嵐」という辞世の歌に感銘を受け、その影響のもと、自分なりに詠んだ辞世であった（総長はこの三島の辞世を、一審公判の最終意見陳述で、任侠道に通じる武士の真髄として己の信念としてきた旨を披瀝している）。

三島に感化されて詠んだ総長の辞世は、こうだった。

任侠は武士道なりと　一筋に誠つらぬき　花と散るなり

総長はこの辞世を、数年前、静岡市内の落合家の菩提寺である蓮長寺に建つ大頭龍一家の石碑に、先の三島の辞世とともに刻印したという。

私が総長に初めて面会したのは、平成29年3月のことだった。総長から面会の礼状をいただいて、それから文通を重ねるようになって交流が始まるのだが、むろんどんな人物か知りたいという思いは強くあっても、当初は総長のことを書かせてもらうことになろうとは思ってもみなかった。

だが、総長のことを知るにつけ、また、今度の事件や裁判のことをくわしく調べていくうちに、書きたい、いや、物書きとして書かなければならない——との使命感に変わったのは、どうにも首を傾げざるを得ない検察や裁判の実態を知ったからだった。

それは毎回この公判を傍聴し続けてきた週刊誌の菱番記者、いわゆる山口組ウォッチャーをして、

「落合総長の関与を示す具体的な証拠は何もなく、あるのは一部のいかがわしい証言と、内容のわからない携帯電話の通信記録のみ。警察、検察、裁判所によっていかに冤罪が作られていくか、その典型を見るような事例です。初めから有罪の結論ありき——の仕組まれた国策裁判としか言いようのない代物ですよ」

と言わしめるほどひどかった。

それでも落合総長はまるで怯(ひる)んだ様子もなく、不屈の闘争心を燃えたたせるかのように、

「ヤクザ渡世を選んだときから、獄死はもとより、どこで果てようと覚悟のうえで生きてきましたが、今回のように一切関わりのない事件で罪をでっちあげられるのを座視するわけにはいかない。そんな不条理、権力の横暴とは徹底して闘っていくつもり

です」

と決意を表明してくれたものだ。

第一章　埼玉抗争勃発

1

六代目山口組系二代目小西一家と住吉会系組織との間で繰り広げられた「埼玉抗争」といわれる事件が勃発したのは、平成20年3月31日深夜のことだった。

発端はきわめて個人的なささいなことだった。二代目小西一家二代目堀政連合系秀神会の相談役をつとめる鈴元万治が、自宅付近の路上で、住吉会住吉一家伊勢野会幹部の星田完と言いあいになったのである。星田が鈴元の車の中を覗いた――目があったあわないというようなことから言い争いとなり、それがエスカレートしていったのだ。

だが、さすがにそのうちに鈴元が我に返り、

「オレも言い過ぎた」

と相手に告げ、近くの八潮市内のファミリーレストラン「デニーズ八潮店」で話しあいを持つことになったのだ。それで話はうまく収まるはずが、そうはならず、かえってこじれてしまった。ついには両者の間で、互いにあとには引けなくなるようなのっぴきならない啖呵も飛び交った。

その結果、惨事は起きた。鈴元は星田に刺され、瀕死の重傷を負わされ、その場――同レストラン駐車場に放置されたのだった。同日午前1時ごろの出来事である。

それを発見したのが、鈴元の所属する秀神会の若頭・時任徳次であったのは決して偶然ではなかった。すでに鈴元は、伊勢野会幹部の星田と言いあいとなり、話しあう段階で、その旨を秀神会会長の鷹石豪に携帯電話で伝えてあったからだ。

現場へ駆けつけた時任は、鈴元をすぐに病院に運ぶように手配したが、約3時間半後の4時20分、35歳の秀神会相談役は搬送された病院で死亡が確認された。胸や腹など10数カ所を刺され、死因は心臓を刺された損傷であった。

この約2時間半後の午前6時45分には、現場から西へ約3キロ離れた草加市瀬崎町の住吉一家伊勢野会本部事務所前に駐めてあった車4台の窓ガラスが、粉々に割られる事件が発生した。堀政連合の秀神会組員らによる報復攻撃であった。

これを手始めに、その後も小西一家側の報復は続いて、越谷市や草加市の伊勢野会幹部宅、あるいは春日部市やさいたま市内の同じ住吉会の兄弟組織や別の一家事務所を狙った7件の事件を引き起こした。が、一部で自宅や車のガラス割りこそ実行されたものの、さしたる襲撃の成果は挙げられず、いずれも空振りに終わった。

この埼玉抗争、2人目の死者が出たのは、抗争勃発から2日目のことだった。4月1日午前5時30分ごろ、埼玉県ふじみ野市内の住吉会住吉一家三角八代目の組事務所駐車場で、同組幹部が胸などを拳銃で撃たれ、射殺されるに至ったのだ。35歳の幹部は事務所当番を終えて、帰宅するため車に乗りこんだところを撃たれたのだった。

小西一家の襲撃部隊8人による犯行で、彼らは2台の車に分乗して同事務所前に乗りつけ、チャンスを窺っていたのだ。ヒットマンたちは2丁の拳銃を使用し、2発が相手幹部の躰（からだ）に命中、幹部は絶命した。車のフロントガラスと助手席のドアに弾痕が残っており、幹部の右胸と左脇腹からは2発の銃弾が摘出された。死因は心肺損傷だった。

落合勇治がこの埼玉抗争の第一報――二代目堀政連合傘下の秀神会相談役が刺殺されたとの報告を、小西一家若頭の小濱秀治から受けたのは、その死が確認されてから約15分後、3月31日午前4時36分のことである。

落合にすれば、秀神会といっても二代目堀政連合傘下の小西一家3次団体（山口組系4次団体）ゆえに、その存在さえ知らず、まして鈴元はもとより、その長である鷹石豪も初めて聞く名で、会ったことさえなかった。

殺された相談役を気の毒には思っても、事件そのものに対しては、当事者意識より何より、

〈やれやれ、また堀政連合が何かやらかしたのか……〉

と、正直うんざりする気持ちのほうが勝っていた。それほど初代会長堀田政司の時代から抗争に次ぐ抗争を経て勢力を拡張してきた組織が堀政連合で、その武闘派ぶりはつとに知られ、小西一家の喧嘩となれば、落合が跡目を継承する以前から、大概は堀政連合絡みと相場が決まっていたからだ。

今回の抗争にしても、くわしいことはわからぬながら、殺した相手側のほうだけが一方的に悪いとは到底思えなかった。しかも、話を聞いてみると、喧嘩の原因はガンをつけたどうのという、まるで大昔のチンピラか愚連隊のようないざこざからというではないか。

一家を挙げて報復しなければ面子（メンツ）に関わるなどという性格のものでないことだけは

明らかだった。

いや、仮にそうであったとしても、この御時世、直参の身で、抗争に絶対関わりあいを持ってはならないというのは、山口組に限らずどの組織にも共通する鉄則であった。六代目親分や本家にまで累が及びかねない直参の所作や言動は、厳に慎まねばならなかった。

〈どっちにしろ、堀政連合で解決しなきゃならない問題だ……〉

我関せず――トップの落合が処する姿勢はそれしかなかった。

落合は小濱から事件の報告を受けるや、同様にすぐに山口組関東ブロック長の芳菱会総長滝沢孝、続いて同ブロック長代理の旭導会会長鈴木一彦に報告を入れた。身内で死者まで出す抗争が勃発した場合、速やかに本部に報告するのは直参の義務だった。

しかし、まさかこの埼玉抗争が後々、最大級の受難となってわが身を襲うことになろうとは、このときの落合には想像さえできなかった。落合にすれば、ヤクザ渡世に生きる者にとって、日常的に起こりうるひとつの事件であり、よくある渡世上の煩いごとに過ぎなかったからだ。

双方から1名ずつの死者を出したこの埼玉抗争は、4月2日、両者の間で手打ちが行なわれ終結を見たのだが、それから3日後の5日午後、落合は信じられないような事実を初めて知ることになる。

それは若頭補佐の上城広道とともに自宅へ訪ねてきた小濱から知らされたことだった。

落合が自宅茶室で小濱から聞いたのは、小西一家執行部で総長付の梶早俊次（かじはやしゅんじ）が、ふじみ野市の三角八代目系組幹部射殺事件の抗争現場まで繰りだしているという、およそあり得ない、いや、あってはならない事態であった。

落合はわが耳を疑った。その驚きようは半端ではなかった。

「何ィ！　それは本当か!?」

唖然（あぜん）となり、しばし言葉も出てこなかった。次いで怒りが沸いてきて、思わず目の前の小濱を、

「おまえは知っていたのか!?」

と怒鳴りつけていた。

もし小濱が、総長付という立場の者が抗争現場に出張っていることを知っていて、怒りも呼び戻しもせず黙認していたとしたら、若頭失格であるのは明白であったからだ。

もとより百も承知の小濱は、あわてて、

「いえ、私もまったく知らなかったです」

と答えたのは当然だった。

総長付にまで抜擢した梶早俊次という子飼いの若い衆の未熟さや常識のなさは、かねて落合も身に沁みてわかっていた。この時分の落合の一番の悩みの種でもあった。

〈しかし、それにしても、ここまでバカとは！……あと先考えずにやった自分の行動がどんな結果を招くか、あいつにはわからんのか？……〉

落合は呆然（ぼうぜん）となった。

「あのバカはいったい何を考えてるんだ!?　おまえらがついていながら、なんてことだ！」

落合の怒りの矛先は、目の前で畏（かしこ）まる2人の最高幹部に向けられた。

予想していたこととはいえ、小濱、上城ともども恐懼（きょうく）して聞くしかなかった。

「あれの性根はどうやっても直らん。破門にする！」

落合は腹立ちのあまり、とうとう決定的なことを口にした。これには小濱が驚いて、

「——親分、ちょっと待ってください。破門までしなくても……」

「なぜだ？　あいつのやったことは直参のオレにはね返り、ということはヘタしたら、六代目の親分や本家にまで迷惑をかけかねない不始末じゃないか。今度ばかりは許さ

ん！」

「ですが、親分、今度のことは梶早は梶早なりに手柄を立てるつもりでやったのかも知れません」

と、小濱同様、上城も落合をとりなした。

「それはないな。そんな殊勝なヤツなら、オレだってヤツのことで悩まんよ」

「ともかく親分、とっくに破門されてもおかしくないヤツを、いままでずっと我慢なさってきたじゃないですか。去年、梶早があれだけヘタ打っても、親分は執行部も降ろさず、総長付からも外さなかったんですから。どうか破門だけは……」

「………」

確かにそうだった――と、落合は思い直した。去年、ヤクザとしてはヘタ打ち（不始末）の最たることをやってのけた男が梶早だった。なんと執行部で総長付という立場なのに、組織から逃亡を図ったのだ。

それでも落合はグッと我慢して、少々痛い〝お仕置き〟こそしたけれど、何の処分もせずに迎えいれたのである。

「わかった。破門はしない。その代わり、執行部からも総長付からも外す。そのうえでな、上城、ヤツにきついヤキを入れろ！」

落合は若頭補佐に命じたのだった。

2

言われてみれば、確かに5日前、事件があった日の梶早は、少し様子が変だったな——と、落合は改めて思い返さずにはいられなかった。

3月31日の月曜日はちょうど山口組総本部へ入る日で、総長付3人のうち、先乗りの役目の梶早は、静岡から朝一番の新幹線で神戸へ赴くことになっていた。落合たちよりひと足早く神戸入りし、神戸の別宅から車を出し、新神戸駅で落合一行を出迎える役目である。

山口組総本部へ入るとき、落合が乗る列車は朝8時12分静岡発の新幹線と決まっていて、7時ぐらいに起きても充分、間にあう時間だった。

ところが、その日未明に発生したのが埼玉抗争で、午前4時36分、落合は小濱からの電話で起こされ、抗争勃発の報告を受けたのだ。

急いで関東ブロック長の滝沢孝顧問、同ブロック長代理の鈴木一彦若頭補佐に事件の報告を入れると、前夜は遅く、ろくに寝ていなかったのだが、落合はもう床に就く気にもなれなかった。

早目に総長付の連中を自宅に呼ぶことにして、梶早に電話を掛けた。先乗り役の梶早は、落合と神戸へ同行する是永和隆や後藤弘と違って、落合宅には寄らず、まっすぐ静岡駅から新幹線に乗るのが通例であった。

梶早が落合から電話を受けたのは、朝4時59分。すでにその時点で梶早は、堀政連合系秀神会の鈴元が殺された事件のことは、上城から知らされていた。

落合の用件は「本家に来い」というもので、梶早はその旨を是永にも電話連絡した。それを受けて是永は、自宅に泊まった後藤にも伝えると、ひと足先に落合邸へと急行した。本家に着いたのは午前5時半過ぎで、梶早はまだ来ていなかった。

間もなくその梶早から是永の携帯に電話があり、神戸への先乗り当番、都合で行けないので代わりに未岡共次を手配してくれるよう指示してきた。未岡は梶早の配下で、落合のお付き（役職なし）でもあった。

是永は応諾し、さっそく未岡に連絡をとって、先乗り役を梶早から引き継がせた。

「何だ、梶早はまだか？」

落合がいまだ姿を見せない梶早に対し、怪訝そうに是永に訊ねた。

「はい、たったいま電話があったとこですが……」是永が答えた。

時計を見ると、落合が梶早に電話をしてからもう45分くらい経っていた。梶早が泊まっている静岡駅近くのホテルから落合宅までなら、車でいくらもかからぬはずだった。

落合は再び梶早の携帯に電話を入れた。

「何をやってるんだ。早く来い」

と急かした。電話を切ったあとで、是永に、

「ヤツはいま、どこにいるんだ？」

と訊ねると、

「富士インターにいるとのことです」

との答え。これには落合も呆れ、後藤や是永、妻の前で、

「富士？　なんで富士にいるんだ？　しょうがねえな」

と言って笑った。

道を間違えるバカがどこにいるんだ——と、笑うしかなかったのだ。もはやこの時分の落合は、梶早に対して、いちいち怒っていたら身が保たないという、ある種の諦念の境地に達していた。

梶早がようやく到着したのは、落合の二度目の電話からさらに1時間後、午前6時

45分過ぎのことだった。

落合はこの日、神戸の山口組総本部へ行ったあとで、日帰りで静岡に戻り、自宅ではなく伊豆の別荘へ行く予定を立てていた。

昨日、静岡市内のホテルで行なわれた親友の竹下三郎の長女の結婚式に出席し、少しばかり酒が過ぎて宿酔気味だったのだ。天城高原の温泉付きの別荘でゆっくり静養したかった。

そこに梶早を連れていったのでは、到底気が休まるとは思えなかった。

幸いというか、是永によれば、先乗り当番の梶早はどんな事情があるのか、神戸へ行けなくなって、配下の末岡を代わりに行かせることにしたという。是永が万事遺漏なく手配して、すでに末岡を先乗り役として神戸に向かわせていたのだった。

となると、今日はもう梶早に用はないということである。

「親分、遅くなりました」

居間に挨拶に来た梶早に対し、湯あがりの落合は、パンツ一丁姿のまま椅子に寝ころび、

「おお、来たか」

と応じ、

「おまえは今日はもういいからな」

とあがっていい旨を伝えたのだった。

「わかりました。では、失礼します」

梶早は頭を下げ、5分と滞在せずに本家を引きあげていった。

まさか梶早がそれから埼玉へ赴き、堀政連合の襲撃部隊と合流したり、報復抗争現場へ行ってあたりをチョロチョロしていたとは、落合にはまったく想定外、悪夢としか言いようがなかった。

ましてや小西一家の直参としてはただ一人、しかも執行部・総長付の要職にある者が、報復射殺事件の現場にまで繰りだしているのだから、事は重大であった。まかり間違えば、山口組直参である落合ばかりか、その上位クラスまでもが警察・検察権力に狙われる危険性さえあるわけで、落合が「破門」を口にするほど激怒したのは無理からぬところだった。

そして案の定、上昇志向もあらわな、強権的な検事によって、そこに目を付けられ、上を挙げる格好の標的にされ、果てはストーリーを作りあげられ証拠まで捏造されるハメになるのだから、落合の悪い予感は奇しくも適中するのだ。

それでも落合にとって梶早俊次は子飼いの若い衆として、昔から他の誰より厳しく接してきた反面、目もかけてきた。

一般社会の親子関係でも、バカな子ほど可愛いという言葉があるように、それはヤクザの世界も同じで、梶早に対する落合の気持ちもそれに近かったかも知れない。だから、梶早がどれほど一家に迷惑をかけ不始末をしでかしても、落合はできるだけ堪え、そう簡単に斬って捨てるようなことはしなかった。

いくら欠点だらけで、できが悪いとわかっていても、いったんこの渡世に志を立てて落合の門を叩いてきた以上、やはり伸びていって欲しいとつねに願ってきた。

平成17年10月、落合が小西一家二代目を継承し、山口組直参になったとき、大頭龍落合一家の跡目を梶早に禅譲したのも、そんな期待をこめての抜擢であった。地位が人を作るという言葉もあるではないか。きっと梶早もいつか、その立場に相応しい男として目覚め、成長してくれる日が来るだろう——と。

だが、親の心子知らずで、こと梶早に限っては一筋縄ではいかず、落合は裏切られることも少なくなかった。

梶早はボディガードの役割も忘れて落合の10メートル、20メートルも前を歩いたり、新幹線の車中で落合の踵に自分の靴を三度続けて当てても、謝罪する姿勢も見せないような男だった。

自宅で落合に注意されて「すみませんでした」と謝罪するのに胡坐をかいたままだったり、駅のホームで親分と話すときにも両手をポケットに入れたままで、いくら言っても改まらなかった。上下関係のことさら厳しいヤクザの世界にあって、これほど親分に対して無神経な人間というのも珍しかった。

カタギと違って、特異な性格の人間が多々存する世界とはいえ、落合にとって、ヤクザ人生50年の歴史のなかでも、梶早ほど極端な例は初めてだった。そのため、落合は他の若い衆とも、

「いったい梶早はどういう人間なんだ？　わからない。初めてだ。おまえはどう思う？」

などと朝方まで話をしたことは幾度となくあったほどだった。

親分に対してさえこうなのだから、梶早が他の者に対してどう接していたのか、推して知るべしであった。

自分で言ったことでも都合が悪くなると「言ってない」と言い張り、言わなかったがゆえの落ち度には「言ったじゃないか」とごまかして子分のせいにする。何事につけ自分で責任をとろうとしない梶早の態度は、大頭龍五代目としてあってはならなか

った。

梶早はヤクザであるには、精神的に弱い面があったのも確かだった。埼玉抗争前年の逃亡騒動もそこから来るものであったろうが、その後、兵庫県警に逮捕され、20日間の勾留のあとで不眠を訴え憔悴した彼の姿を、若い衆が目のあたりにしていた。

今度の埼玉抗争によって逮捕、起訴された梶早が、後に郵便不正事件で冤罪を作りあげる曲者の検事によって、徹底的に的にされ、狙い撃ちにされるのも、まさにそこ――精神的弱さを衝かれたのだった。

3

埼玉抗争の発端となった小西一家堀政連合秀神会相談役刺殺事件は、首謀者とされた住吉一家伊勢野会幹部の星田完を始め6人が間もなく逮捕され、その後、星田の無期懲役が確定している。

一方の住吉一家三角八代目系組幹部射殺事件の捜査は難航した。最初に犯人逮捕が報じられたのは、事件から1年近く経った平成21年3月のことだった。

埼玉県警は二代目小西一家系組幹部ら18人の逮捕状をとり、うち13人を銃刀法違反と殺人容疑で逮捕したことを発表したのだ。そのなかの1人が執行部・総長付の梶早俊次であったが、その実、同県警はこの時点で、被疑者の認否どころか、氏名さえ一切明かさなかった。最初から落合までの逮捕を目指して水面下の捜査を続け、射殺の実行犯だけでなく、多数の関係者を共謀共同正犯で立件する方針に踏みきったのである。

その後も、同県警は組織上層部への突き上げ捜査を進めていく。二代目堀政連合だけではなく、他の二代目小西一家系列組織の幹部らを次々に逮捕、同年10月までには同一家ナンバー3の本部長を逮捕していたことが判明する。捜査の手は徐々にトップに伸びていた。

山口組の関東ブロックに所属する落合は、ブロック内の法務担当で、「改正暴対法」成立前後に開かれた勉強会では、組織に大きく貢献した。平成21年2月には、慶弔委員に抜擢されている。

その慶弔委員の職務につく落合の姿が、メディアに確認されたのは、同年8月13日の田岡一雄三代目の墓前でのこと。この直後から、

「落合総長が逮捕されるのでは？」

との情報がメディアや取材記者の間で飛び交うようになった。

そうしたなか、埼玉県警はしばらくの間、落合の所在をどこにも確認できずにいた。

社会部記者によれば、

「県警は落合総長と小濱若頭のトップとナンバー2を同時に逮捕することに固執していました。しかし、落合総長の所在を掴めずにいたのです。そのため、落合総長の立ち回り先に捜査員を派遣していました。小西一家の本部がある静岡を始め、愛知県にも捜査員は派遣されていました」

埼玉県警の面子を賭けた捜索は、逮捕直前まで続けられたのだ。その結果、浮かびあがったのが、都内のあるマンションであった。

厳重な監視のもと、関係者の出入りを確認し、ようやくその所在を確認した埼玉県警は平成22年1月22日、落合に任意同行を求め、住吉会系組幹部射殺事件を指示したとする共謀共同正犯の殺人容疑で逮捕したのだった。

同日、若頭の小濱秀治と同幹部も同じ容疑で逮捕、同一家の逮捕者は40人に及んだ。

社会部デスクはこう述べたものだ。

「埼玉県警の刑事部長は警視庁で4課長をつとめたことがあるキャリア組で、その部長の指揮のもと、この1年間、県警本部のマル暴捜査員のほぼ全員が、この事件の捜査に投入されていました。埼玉県はこの10年ほどで山口組の勢力が12倍に増加し、とくに事件が起きた東京と隣接する地域は、その傾向が強かった。それだけに県警は全力をあげての捜査を行なったのです」

埼玉県警は小西一家総長を逮捕するや、翌月の2月10日、神戸市の山口組総本部を家宅捜索した。「検察庁」の腕章を巻いた男女10人ほどの検察官が同行し、装甲バスで機動隊を大量動員し、チェーンソーまで用意する異例の物々しさであった。

結局、落合は小濱、幹部ともども総本部への家宅捜索の3日後には処分保留でいったんは釈放された。が、同日中に、さいたま市内の住吉会系事務所のドアを壊した事件（平成20年4月1日発生）で数名と共謀したとして、暴力行為等処罰法違反の容疑で再逮捕。

同年3月5日には、組織犯罪処罰法違反（組織的殺人）及び銃刀法違反の容疑で起訴されたのである。

山口組直参が抗争に絡む殺人容疑で逮捕・起訴されたのは、大阪戦争の玉地組玉地健治組長（引退）以来、実に27年ぶりのことだった。

落合が初めて自身の逮捕があるかも知れぬと意識しだしたのは、梶早が逮捕されて半年後、平成21年9月ごろである。

小濱から電話があり、

「弁護士が言うには、もしかすると、埼玉県警が親分と自分を逮捕して、さらに再逮捕も1回はあるかも知れないとのことですが、すぐ出れるから心配なく――とのことです」

との注進があったのだ。

同じころ、山口組のベテラン組長も、落合を心配して事件のことを訊ねてきたので、

「検事がこの4月末に、当事者の若衆たちの起訴を、殺人罪から組織犯罪処罰法の殺人に切り換えたようなんだ」

と話をすると、山口組直参組長は、

「それは兄弟までやるつもりだよ」

即座に反応し、落合の身を案じた。

「やるつもりと言われても、まったく関与してないんだから何もないんだけどな……」

「どっちにしろ、用心したほうがいいな、兄弟」

また、その時分、落合は、

「埼玉県警が兵庫県警に、落合の件で管内に入らせてもらうとの仁義を切ってきた」

という情報も耳にしていた。

警察の影が自分にヒタヒタと迫っているという話を聞いても、落合はさして気にする様子もなく、

〈まったく話にならんな。けど、いまの世の中の流れでは、これも仕方ないな。逮捕、再逮捕の嫌がらせも甘んじて受けるよりあるまい〉

と覚悟し、平然としていた。数カ月の勾留など、断酒もできるし、むしろちょうどいい休養と考えれば済むことであった。

だが、周囲の者となると、そういうわけにはいかず、落合を心配のあまり、

「総長、こんな御時世です。警察(サツ)も何をやってくるかわかりません。ここはひとつ、少しの間、体(たい)をかわしてください」

と言ってくれるのだが、落合はなおさら意地になって突っ張った。

「まるで関与していないのに、なんでオレが逮捕されなければならないんだ。冗談じゃない！　逮捕するならしてみろ！　骨休みできてちょうどいいや。起訴なんか逆立ちしてもできやしないんだから」

何ひとつ事件にタッチしていなければ、なんら嘘をついているわけでもない。潔白な身の上なのだから、こそこそすることはないのだ、堂々としているべきだというの

が、変わらぬ落合の姿勢であった。

それでも落合と親しい者たちは、

「総長の気性ならそう言うのはわかってるけど、いまの捜査権力の強引さを考えたら、少し様子を見たほうがいい」

と気遣い、一時、身を潜めることを勧めるのだが、落合はあくまでも頑固だった。

「いや、オレはいままで通りのスタイルで行く。体などかわさん！　意地でも動かん！」

と突っぱねた。これには若い衆もまわりの者もお手あげだった。

終いには、落合の一番の大親友である竹下三郎が、自分自身、生きるか死ぬかの大病を患い、大手術をしたばかりの身で乗りだしてきて、

「頼む、勇ちゃん、頼むからみんなの言うことを聞いてくれ」

と懇願してきた。

「大丈夫だから。まったく何もないから。心配いらないよ」

落合が笑って説明しても、

「それならそれでいいけど、念のために頼む！　頼むよ！　今度ばかりはオレの言うことを聞いてくれ。ほんのいっときでいいんだ。体をかわしてくれればいいんだか

ら」

　と必死になって説得するのだ。手術後、一時体調は良くなったものの、また難しい病状になり、入退院を繰り返している己の身も顧みずに友のことを心配してくれている相手の真情に、落合も胸が熱くなった。

　それでもなかなか首をタテに振らない落合に、友はいよいよ強硬手段に打って出ることにした。重病で動かない体なのに、

「よし、いまからオレが家まで迎えに行くから」

　と言ったものだから、これにはさすがの落合も、

「わかった、わかった。言う通りにするよ」

　と折れるしかなかった。

　かくて落合は、「この友のために」と思い、10月ごろから静岡を離れてしばらく各地の温泉巡りをした。

　こんなのんびりした時間を過ごしたことはかつてあっただろうか——と思えてくるほど、それは落合にはいまだ経験したことのないような、シャバとも懲役ともつかない不思議な時間と空間であった。自分が何者とも知れない存在となったような無為の日々。

つねに何かギリギリの状況に身を置き、ヒリヒリするような局面がなければ生きている実感が湧いてこない落合には、退屈このうえなかった。

やがてそんな温泉暮らしにピリオドを打って、品川のマンションへと移った。マンションに落ち着いてどれくらい経ったときだったろうか、いきなりマンションに押しかけてきた大勢の捜査員によって、落合が逮捕されたのは。

それは平成22年1月22日——と、2が四つも重なる日であった。

それまで落合は今回の事件にはまったくのノータッチ。小西一家関係者が大勢逮捕されても、すべて若頭の小濱に任せており、事件のことは一切話題に触れたことさえなかった。

総長付の梶早俊次が関与していた事件であったので、捜査側が総長の自分につなげようとするだろうとは充分予測はついたが、いくらなんでもゼロのものを作りようがないだろうと高を括っていたのも確かだった。

が、捜査権力は狡猾であった。落合に付いた弁護士が、拘置所の梶早に面会に行ったところ、梶早に、

「選任しない！」

と怒鳴りつけられたと聞いて、落合は、

〈ああ、これは完全に検察側にやられてしまっているな〉
と気づかざるを得なかった。

4

落合勇治の初公判が開かれたのは、逮捕から3年4カ月後の平成25年5月15日のことである。さいたま地裁は早朝から異様に物々しいピリピリしたムードに包まれた。裁判所内や周辺には多数の警察官が配置され、地裁の建物入口と302号法廷の2カ所に金属探知機が設置されて傍聴人の手荷物・身体検査を実施するなど、徹底した厳戒態勢が敷かれたのだ。

前年11月、検察側が「裁判員に危害が及ぶ恐れがある」として裁判員裁判からの除外を請求。だが、この1月、さいたま地裁がこれを却下した。検察が除外請求をしたのは全国二例目で、これが認められなかったのは初めてのケースという。それがゆえの厳戒態勢となったのである。

傍聴人は傍聴席に座るまで、二度も金属探知機を潜らされ、金属探知機による手荷物チェックを受けたうえで、法廷内に持ち込めるのは貴重品と筆記具だけだった。

さらに裁判員らの席と傍聴席の間にアクリル製の衝立が設置され、傍聴席の左右には3人の警備員が立って抜かりなく眼を光らせていた。

そんな異様づくめの緊迫した空気のなか、落合は紺のスーツに白のワイシャツ、ノーネクタイで入廷、変わらぬ元気な姿を見せた。

裁判官席には、裁判官3名を中央にして左右に3名ずつ計6名（女性4名、男性2名）の裁判員が着席。午前10時、多和田隆史裁判長が開廷を宣言した。

証言席に立って多和田裁判長の人定質問に答える落合の様子も、緊張や動揺はみじんも感じられず落ち着いていた。

続いて検察官から起訴状が読みあげられ、裁判長から罪状認否を求められると、落合は、

「私は殺害の指示も共謀も一切しておりません」

と、はっきりとした口調で述べた。続いて弁護人も、

「組織によって殺害を企てたという事実はない。共謀の事実もない。小西一家の活動として発射、殺害したという事実もない」

と、起訴内容を全面的に否認した。ここに双方による法廷闘争が開始されたのだった。

このあと、公判は冒頭陳述に移り、検察側、弁護側の順に述べられた。

検察側は、山口組及び小西一家の組織図、また証人予定者の立場などを示した図解入りの資料を裁判員に見せ、事件の経過を述べ、

「ヤクザ社会では報復行為を〝カエシ〟と言います。カエシをしなければ他組織からナメられ、また恥とされているのです」

との言いまわしで、ヤクザの報復の概念を説明、その「組織の面子（メンツ）を守り、威信を保つため」という「暴力団特有の論理」から、小西一家は組織的な報復に動いたもの――と、裁判員らに訴えた。

落合総長の関与についても、小濱若頭からの連絡で事件を知ったあと、落合は頻繁に連絡をとっていたこと、また神戸先乗り役の梶早を自宅に呼びだし、「神戸に行かなくていいから行け」と言ったことを指摘。検察側はこれを、「報復（カエシ）に行けとは明言していないが、暗にそれを指示している」と強調した。

伊豆の別荘で、報復の報告を受けた落合が付き人の末岡に喜びの様子を見せたことも、「報復に強い意志を持ち、被告の意志、指示により、小西一家が団体の活動として行なった事件」と断定したのである。

一方、弁護側は裁判員の偏見を解くことから始めた。

「まずはヤクザのイメージを消してください。そして法廷に出てきた証拠だけを見て判断してください」

と言ったあとで、落合の人となりを説明、派手な服装を嫌い、「自分から喧嘩を仕掛けることはない」など、一般人が抱くヤクザの印象を否定した。「自然が好きで釣りや山歩きが趣味」であることなど、ヤクザという生きかたを選んだ落合も同じ人間であることをアピールしたのだった。

そして検察に対してはこう反論した。

「検察官は、『組の面子(メンツ)、力の誇示』などと言いますが、これらはVシネマや漫画の世界だけで通用する認識。報復に動けば、使用者責任や刑事責任を問われるから、関わらないというのが常識。そもそも刺殺された被害者と落合さんは面識がまったくないうえに、信用していない梶早総長付に指示をして、刑務所から出てこれないことをするほど愚かではない。無実です」

また弁護側は、落合と小濱との電話連絡にしても、あくまで事件の報告が行なわれただけで、指示や共謀の事実はないとした。

先乗り役の梶早に対しても、落合は素行の悪い彼を信用しておらず、当日も遅刻してきたので、「神戸に行かなくていい」と言ったに過ぎないと主張。実際、そのあと梶早が襲撃に加わったことを知った落合は、激怒したことも明らかにしたのだ。

伊豆の別荘では、落合が報復成功の連絡をもらって喜んだという事実はなく、ゆっくり休養していただけで事件の話は一切しなかった——と、検察側と真っ向から対立する意見を述べたのが弁護側であった。

その後、検察側と弁護側の双方から採用証拠についての説明があり、初公判は終了したのだった。


翌5月16日には第2回公判は開かれ、実行犯らの証人尋問がスタートした。以後、2カ月にわたって検察側、弁護側双方から10人の証人が出廷し証人尋問が行なわれた。その争点となったのは、落合と実行犯たちとの間に共謀、さらに指示があったか否か——であった。

検察側の切り札は、当時の小西一家執行部・総長付で、落合の出身母体である大頭龍落合一家の跡目でもあった梶早俊次と、その配下の末岡共次と床年也(とことしゃ)という元組員らの証言のみだった。末岡も床も、梶早同様、事件後、組を離脱していた。

梶早が登場したのは第3回、第4回公判で、彼は懲役14年の刑が確定し服役中の身であった。

埼玉抗争が勃発した当日、落合から電話があり、「聞いたか？」「はい、聞きました」というやりとりがあったという。その内容を検察官に尋ねられると、「もちろん、堀政の人間が殺されたこと」と答え、その後、落合から、聞きとれないほど大きな声で「よし、行け！」と怒鳴られたと証言した。

だが、「私の聞き間違いかも知れない」としてみたり、検察官から「そう聞こえた？」と質問されると、「はい」と答えたうえで、その意味を「住吉に報復（カエシ）をすることだと思った」とあやふやな面もあった。

駆けつけた総長宅では、「おまえは今日、神戸へ行かなくていい。もう行っていいと言われ、これを埼玉で報復（カエシ）をやれという意味と受けとった」「現場に向かおうとする際に、落合総長に『行け！』と言われた」などと証言した。

未岡も、第5回公判に出廷、総長のお付き（役職なし）として、当日、山口組総本部に行かず、名古屋からUターンして伊豆の別荘に宿泊した落合に同行。その夜、若衆部屋に現れた総長から、

「シュン公（梶早）たちが住吉のヤツらを這いつくばって探しているのに、おまえら、よく冷静でいられるな。悔しくないのか！」

と鬼のような形相で怒鳴られ、

「偉い人に頼んで報復の時間を延ばしてもらっているんだ」とも言われた——などと、証言した。

また、床は、小西一家最高幹部が、「今回は梶早の暴走ということだからな。わかってるな。親分（落合総長）も知らないことになっているからな」と話しているのを聞いた、と証言。

第7回公判で証人出廷したのは、検察側、弁護側双方が申請した梶早配下の大頭龍落合一家若頭黒岩力。黒岩が証言したのは、「梶早元組長の手助けで、報復のために埼玉に行った」という調書がとられていることについて、「そんなことは言っていない。検事が勝手に書いたデタラメ」というものであった。

5

弁護側証人から爆弾証言が飛びだしたのは、第12回公判だった。

この日出廷したのは、小西一家二代目堀政連合秀神会会長の鷹石豪。埼玉抗争の発端となった住吉会系組員による刺殺事件の被害者鈴元万治が所属していた組織の会長である。

鷹石は平成21年2月に逮捕され、その直後から同年4月末まで、担当検事による25回の取調べを受けたという。

その鷹石の法廷における証言——。

「室内に入って、まだ椅子にも座っていない初対面の私に、國井検事は『（射殺事件があった）三角八代目の現場で車から降りただろう？　おまえは死刑か無期懲役だ』と言ったんです」

「あとで知りましたが、國井検事は、事件時に（検察側が重要な証人と呼ぶ）総長付だった梶早元組長の取調べも担当していて、やはり初対面で顔を指さして『おまえは死刑だ！』と言ったそうです」

「『死刑か無期懲役』の脅しだけで心身ともにすっかり参っていたところへ、國井検事は追い打ちをかけるように、いつのまにか私の自宅から入手した子どもの写真を見せてきたのです。もう二度と会えないんじゃないかと思って涙を流してしまいました」

ここで鷹石が言う「國井検事」とは誰あろう「郵便不正事件」で厚生労働省の村木厚子局長（当時）を冤罪に陥れ、懲戒処分を受けた國井弘樹検事その人だった。

村木の取調べにおいても、國井は恫喝と甘言を繰り返し、結果的に裁判ではその調書が証拠採用されず、彼女は無罪となっている。

つまり、大阪地検特捜部に異動する直前に、國井が担当したのが、埼玉抗争事件であったわけで、そこでも彼は同様にアメとムチの手法を駆使し、

「役職上位者の事件の関与を言わないと、刑は重くなって家族とも会えなくなる。言えば刑は軽くなるぞ」

「この事件は落合で終わらない。本家の髙山（清司・六代目山口組若頭）もやる」

と秀神会会長の鷹石を揺さぶり続けた。

その結果、「刑を少しでも軽くして早く家族に会いたい」と、鷹石は自身の公判でも不利になる「國井検事の作ったストーリー」に乗っかって、

「山口組では上からの指示がないと下の組織は勝手に動けない。つまり、このカエシは上部団体の指示のもとに行なわれた」

というデタラメな文言を含む供述調書を國井に作成させた――と証言したのだった。

鷹石が供述調書を覆す証言をする気になったのは、「郵便不正事件」で國井によって罪をでっちあげられた厚労省の村木厚子の闘いに触発されてのことだった。

村木を取調べた國井は、そこでも恫喝と甘言を駆使して自分の作ったストーリーに沿った自白を村木に強要しているのだ。

「真実は誰にも分からない。だから、いろいろな人の話を重ねていって、一番色が濃く重なりあうところを真実だとするしかない」

との國井発言を聞いた村木は、後に手記で、

《真実かどうかは、自分たちにとって重要ではないと告白している。こういう感覚で人を罪に問う仕事に就くのはとても危険と感じた》（「私は負けない『郵便不正事件』はこうして作られた」中央公論新社刊）

郵便不正事件をでっちあげた首謀者の國井は、前田恒彦主任検事による証拠品のフロッピーディスク改竄事件にも関わった。

前田が逮捕されると、その改竄を知っていながら放置したとして、國井も共犯として逮捕されそうになったころ、同僚の検事にこんなメールを送っているのだ。

《言ってもないことをPS（検察官調書）にすることはよくある。証拠を作りあげたり、もみ消したりするという点では同じ。前田を糾弾できるほど、キレイなことばかりしてきたのか》（「週刊朝日」平成23年9月30日号）

語るに落ちるとはまさにこのことで、インチキ捜査の一端を端なくも〝自白〟しているのだから世話ない。

同誌によれば、

「データ改竄が表ざたになると、國井検事は最高検から取調べを受けた。佐賀（元明、特捜部副部長）被告に『犯人隠避で逮捕されそうです』と電話して泣いたという」

その一方では、

「國井検事は、最高検の検事に『佐賀被告から改竄のことを口止めされた』と、とんでもない報告をしていた」（弁護側の主張）

というから大変な御仁もあったものだ。

その後、いろんな事実が判明するにつれ、國井の卑劣さが明らかになった。

特捜部長の大坪弘道、同副部長の佐賀、主任検事の前田の3人は有罪確定で、前田は実刑であった。國井も泣いていたことでもわかるように、本来なら前田と同じ罪を受けなければならなかった。

だが、右の上司3人を有罪にするための役割（ストーリー作り）を担う条件で起訴を逃れたのだった。大坪も「國井はひどい、國井にやられた」と悔し涙にくれたという。

昨日までさんざん世話になり、忠誠を誓い、村木有罪のため強引な不法不正の数々を施し、前田と改竄証拠を共有しておきながら、問題になるや、いち早く上司3人を裏切って最高検の協力者となり、自分一人だけ助かった男が、國井という検事であった。

郵便不正事件の村木厚子も著書や雑誌の手記で、國井を最も悪質として挙げ、検察官適格審査会に訴えた。

秀神会会長の鷹石豪が一転して供述調書を翻したのは、そんな村木の手記を読んだことがきっかけだった。

「自分とまったく同じ。女性の官僚が國井検事と戦っているのだから、自分も本当のことを言おう」

と、この日の証言台に立ったのだった。

國井は鷹石だけでなく、検察側が重要証人とする梶早の取調べも担当。梶早を同様に「おまえは死刑だ！」と恫喝していたと鷹石は証言している。

梶早は逮捕後、接見禁止が一時解除され、家族ばかりか、事件への関与を疑われた人物とも面会を許されていたことが明らかになっている。

鷹石は國井の後任となった主任検事、山本佐吉子の不当な取調べ、でっちあげぶりについても言及しているのだが、山本自身、「供述書」なるもので、

《本件捜査は、形式上、突き上げ捜査の常道を行きましたが、その実、最終的に落合

にまで至ることは既定路線でした》

と述べている。それを裏づけるように、鷹石は別の小西一家幹部の公判でも、山本の後任主任検事の岩村から、

「國井さんじゃなかったら、ここまでこんな大きな事件にならなかったよ。大勢捕まったおかげで、あなたの地位は下がって、あなたは16年ぽっちで済んだじゃないか」

と言われたことも証言している。

検察側が当初から落合逮捕・起訴、上からの指示による組織的犯行であるという構図を描いていたのは明白であった。

岩村の言にある通り、鷹石が落合公判の証言に立ったとき、その刑はすでに確定しており、懲役18年の求刑に対し、16年の判決が下されていた。鷹石にすれば、それは予想外の数字で、当初懲役12年ほどと思っていたのは、國井との間で、

「言う通りにすれば刑はうんと安くなる」

「希望の刑務所にも行かせてやる」

との約束があったからだが、結局どっちも反故にされ、刑務所にしても望んだところではなかった。

この第12回公判の鷹石に至るまで、落合の一審公判で証言台に立った小西一家の最

高幹部や実行犯ら関係者は、検察側5人、弁護側6人（うち1人は双方の申請）の合わせて10人。

検察側証人のうち、第2回公判に出廷した元二代目堀政連合秀神会若頭の時任徳次は、七つの事件にすべて関与した実行犯だった。

この証人は大半の質問に「言えません」と答え、裁判長から「証言を命じます」と何度か言われる場面もあった。事件の核心に関する証言を一切拒否したのだ。

そのため、第6回公判では、時任本人が不在のまま、彼に扮した検察官が証言台に立って、もう1人が検察官席から尋問を始めるという奇異な光景が繰り広げられた。

証人の時任に扮した検事が、もう1人の検事の尋問に答える形で、先に時任から聴取してあった「裁判官面前調書」を朗読するのである。

「被害者が所属していた小西一家傘下の団体が単独で行なった事件ですか？」

証人席の検察官が書面を見ながら、抑揚もなく答える。

「いいえ、単独ではありません。指示がありました。所属団体の人間がやられたからといって、その団体だけで勝手に報復（カエシ）はできません。必ず上部団体にお伺いを立てないといけないことになっています」

検察官同士の朗読という、いまだ法廷で見たこともないような思いがけない展開に、裁判員や傍聴人はとまどいを隠せないようだった。

「事件後に組織からはお金をもらいましたか？」

「4月中に20万円もらいました。金を渡してくれた人間は小西一家上層部からと言っていました。6月か7月にもらいました。他の襲撃メンバーらと一緒に堀政連合の本部で渡されました。その金は逃走資金か襲撃での報酬だと思いました」

生々しい証言ではあったが、検察官同士の棒読みのようなやりとりには、誰もが違和感を覚えたようで、法廷は水を打ったように静まり返っていた。

この「裁判官面前調書」というのは、別名227条尋問調書といい、初公判以前に、検察官が裁判官の前で行なった証人尋問をもとに作成した調書のことで、刑事訴訟法227条には以下のような記述がある。

《検察官、検察事務官又は司法警察職員の取調べに際して任意の供述をした者が、公判期日においては前にした供述と異なる供述をするおそれがあり、かつ、その者の記述が犯罪の証明に欠くことができないと認められる場合には、第一回の公判期日前に限り、検察官は、裁判官にその者の証人尋問を請求することができる》

簡単に言えば、捜査段階で供述した内容と公判で証言する内容が食い違う可能性がある場合、公判前に証人尋問を行なうことができるという制度。

この227条尋問調書、裁判は公開が原則であるので、そのハードルは高く、よほどの事情がない限り認められなかった。が、その分、普通の調書よりはるかに効力があった。

そこで今回の埼玉抗争事件において、この227条尋問調書を乱用したのが、國井、山本の両検事であった。

彼らは梶早、末岡、床、時任、鷹石に、

「弁護士には絶対内緒だ」

と厳命して、自分たちの作ったQ&Aを毎日朝から晩まで練習させて暗記させたという。そのうえで裁判官の前で弁護士の立ちあいなしで、検事と証人だけで227条尋問調書を作りあげておき、彼らに対し、

「本番の法廷で証人として出ても、『言えないです』で通せ」

「初めから証人の宣誓拒否の手もあるぞ」

などと法律違反を承知で、自分たちに都合のいい知恵を授けていた。そうすれば、弁護人は何も突っ込むことができず、裁判所も裁判官面前調書を証拠採用せざるを得なくなると読んでのことである。

目的のためには手段を選ばず、〝暴力団〟顔負けの汚い遣り口だった。

それらはすべて鷹石の証言で明らかになったことだった。

6

この裁判官面前調書——227条尋問調書という制度は、落合も今度の事件で初めて知ったことだった。

いや、埼玉県警の刑事たちさえ、

「初めて経験した」「こんなやりかたがあるのか」

と一様に驚きの声をあげたほどで、刑事を40年やっているという者さえ知らない代物であった。

その227条調書を悪用して、検事がウルトラC紛(まが)いに証拠を捏造し、被疑者にその問答集の徹底したリハーサルをやらせ、好き放題やっているという現実。

裁判官にすれば、超難関といわれる司法試験に受かり、社会的にもエリートとされる検事が、まさかそんな卑劣で醜悪なことをしているとは夢にも思わないから、不正はどんどんエスカレートしていく——そんな司法権力の悪しき実態を、落合はまざまざと知ってしまったのだ。

とりわけ今回の小西一家の埼玉抗争事件を担当したさいたま地検の検事たちは、國井弘樹、山本佐吉子だけでなく、いずれも、被疑者はヤクザなのだから何をやっても許される。何をやろうと世論は自分たちの味方――とでも考えているとしか思えない姿勢が露骨に見えてきた。

最初の主任検事・國井はまだ30代前半、その数年前、大阪地検特捜部で1年間勉強してきたという将来を嘱望された典型的なエリートだった。本人も張りきっていて、特捜部検事になりたくて手柄を立てることに夢中の様子がありありと窺えた。

今度の小西一家事件にも特捜部方式を持ちこんで、検察が捜査の主導権を握って最前線に出て、取調べも彼らが前面に出た。落合は埼玉県警の刑事から、

「こんなことは初めてだ」

という何人もの声を聞いたものだ。

その取調べも、検察事務官や引率の警察官を退室させたうえで、2人だけで行なうやりかたが専ら。それは引率担当の警察官の間では有名な話になっていた。

確かにそれが警察なら、落合に狙いを定め、抗争現場にまで赴いている梶早をもっけの幸いとして、これを脅しすかし、あるいは司法取引の甘言を弄したり、ありとあらゆる手を使ってくるだろうとは、落合にも当然予測できたことだった。それこそ警

察の常套手段なのだから。

しかし、まさか検察がそこまで先頭切って捜査に乗りだしてきて、上を捕まえるため、埼玉県警も呆れるような捏造を仕掛けてくるとは想像とてできなかった。

國井、山本検事が梶早をターゲットにしてでっちあげを押し進めだしたのは、いったいいつごろからであったのだろうか。

梶早がまだ検事の魔の手にかかっていない時期を、落合ははっきり記憶していた。

それは梶早が逮捕されて5カ月ほど経った時分、落合と小濱が逮捕されるちょうど5カ月前——平成21年8月中ごろのことだった。

落合が小濱とともに静岡市駿河区の自宅近くの居酒屋へブラッと飲みに行ったときのことだ。落合は行きつけの酒場で、家族や若衆たちもよく顔を出して、店の者とはみんな親しくしていた。

そこの女将が、落合の顔を見るなり、

「まったく知らない人から手紙が来たので、びっくりして中を見たら俊ちゃんからでした。いま持ってきます。親分のことも書いてあるので」

と言って、その手紙を落合に持ってきた。「俊ちゃん」とは梶早俊次のことで、女将と仲良くしていたのだ。

梶早はまだ接見禁止が解けておらず、面会や手紙は禁じられており、留置場の同房の者に発信を頼んで書いてきたものだった。

「へえ、梶早のヤツがママに手紙を……オレが見ていいのかい」

「ええ。どうぞ、どうぞ」

手紙には、

《社長が飲みに行ったら濃い酒を飲ましたら駄目だぞ。もし社長の体が悪くなったら、おまえたちのせいだからな。社長には何の孝行も出来ないままこんな事になってしまい、申し訳なく思っています》

と書いてあった。「社長」というのは親分である落合のことで、その躰を気遣う真情が垣間見える手紙だった。

「へえ、あいつ、殊勝なことを書いてやがるな」

落合も口ではそう言っても、胸の内ではホロッときた。落合はその手紙を小濱にも見せた。

実はこの手紙、翌年1月に落合が逮捕され、落合が梶早に「行け」と命令して相手を殺害に至らしめる報復をやらせたという検事と梶早によるでっちあげが行なわれるようになったとき、重要な意味を帯びてくる。

もし、梶早と検事が一緒に捏造したストーリーが嘘ではなく真実であったなら、梶早は自分の人生を賭けて立派に親孝行したわけだから、間違ってもそんなことを書くはずがなかった。胸を張って「親分の指示通り目的を果たし、孝行しました」と書いてくるはずであった。これぞ冤罪の動かぬ証拠でもあった。

落合がその手紙のことを思い出したのは、逮捕されてから5カ月後、平成22年6月ごろのことだった。

弁護士を通して妻のさとみに、その手紙を受けとりに居酒屋に行かせたところ、女将の返事は「探しておく」。が、何度行っても、「探したけど、ない」の返事しかなかった。

一方、埼玉県警の捜査会議において、梶早担当の係長が、上司に、

「落合の女房が梶早発信の手紙を渡してくれと来ましたが、ないと言って渡していません。あったのですが」

と報告したとの話も伝わっていた。

「その手紙を渡さないで処分するように」

主任検事の山本と相談した梶早が、女将に命じていたのだった。

捜査会議では、梶早担当とは別の正義感の強い係長が、

「そんな証拠隠滅に手を貸すようなことに、警察がタッチしたらダメだろう!」

と発言する一幕もあって、変な雰囲気になったという。

確かに落合は、総長付の梶早が事件に関与している以上、捜査当局は当然、もっと上を狙って自分につなげようとするだろうとは予測がついたことだった。それでも、梶早には報復のホの字も埼玉のサの字も言っておらず、事件に1ミリとて関与していないのだから、いくらなんでも話を作りようがないだろう――と、潔白の身に絶対的な自信があった。

だから、逮捕後も、山本の取調べにもつねに堂々と胸を張って対した。

山本が追及してきたのは、

「名古屋で髙山(清司)若頭と話をしたのだろう?」

というもので、事件当日、落合が静岡から神戸の山口組総本部へ行こうとして名古屋でUターンした事実をとらえて、そう思いこんでいるのだった。

事件のことは一切喋らないと決めていた落合も、本家の若頭に関わるその一点だけは言っておかねばならないと考え、

「名古屋で新幹線を降りたのは間違いないが、駅からは一歩も出ておらん。乗り換え

だけだ。駅のカメラで確認しろ」

と答えた。

出世欲に駆られるあまり、落合はおろか本家の若頭にまで狙いをつけようとするその醜悪な性根に、落合は腹立ちのあまり怒鳴りつけてしまうこともあった。

「起訴できるもんならしてみろ！」

「裁判でおまえが恥をかくだけだ！」

「起訴して裁判で無罪になったら覚悟しておけよ！」

落合が女性を怒鳴ることなど、普通ならあり得ないのだが、出世欲が透けて見えるその身勝手さに、つい我慢ならなかったのだ。

山本は真っ青になって、

「何ですか！　私のタマを取ろうって言うんですか!?」

そのセリフには、落合も苦笑せずにはいられなかった。

この山本の取調べの様子がいかにひどかったかは、後に他の小西一家関係者からも明らかにされるのだが、彼女は過去にも何かと問題を起こしている検事だった。

名古屋地検時代の平成9年に起きた日本航空706便事故の裁判でも、今回の小西一家事件同様、供述調書をパソコンの画面で読ませ、「サインするところだけ印刷して署名させた」「一方的に押しつけた」などと暴露されている。また、同事故についても、その原因がMD11機の操縦系統の問題なのに、アメリカ企業側のいいように、事故の責任は機長だとの調書を捏造している。

今度の事件でも、取調べ状況報告書を作成していなかったことなどで懲戒処分を受けている検事が、山本であった。

7

落合勇治の第一審公判は、検察側の証人尋問から弁護側のそれに移ると、弁護側証人——6人の小西一家幹部組員はいずれも落合総長の報復事件への関与を否認、検察側証人の証言を概ね否定した。

第8回公判に出廷した小西一家若中で総長付の是永和隆は、こう証言した。

「梶早が落合総長に『行け』と言われたという話は、あり得ない嘘。あの日、総長は『あがっていい』と伝え、梶早は『失礼します』と本宅を出た。(それが埼玉に入ったと知り)電話で『なんで埼玉に入ったんですか？　早く戻ってください』と梶早を説得したが、『オレにはオレの考えがある』と聞き入れてもらえなかった」

第9回の伊藤誠二本部長は、梶早が埼玉に入ったことを知り、何度か直接「帰ってこい」と指示したうえで、上城広道若頭補佐にも「梶早を止めてくれ」と伝えたと証言した。

その上城は第11回公判に出廷、

「現場を確認するため埼玉に行き、おまえがいるだけで、親分に迷惑がかかる可能性があり、まずいから帰れと話したが、そっぽを向いて、そんなこと言われる筋合いはないと開き直った。その後も、ちょろちょろするなと注意した」

と証言した。

第10回の小濱秀治若頭は、梶早が現場にいたことを聞き、本人を怒鳴りつけたが、

「誰も言わないから、わからんですよ」

と返してきたので、さらに怒鳴りつけたと証言したのだった。

およそ2カ月間にわたって行なわれた証人尋問は第12回公判で終了し、いよいよ落合の被告人尋問が執り行なわれる運びとなった。平成25年7月1日の第13回公判では弁護側からの質問、同3日の第14回公判ではその続きと検察側、最後に裁判官からの質問がなされた。

まず弁護側質問に答えて、落合は山口組直参の立場をこう証言した。

「2次団体のトップは飾りに過ぎず、1次団体とのつながりや他組織との外交が役目であって、組織の運営は執行部任せでまったくタッチしていなかった」

また、事件との関与を問われると、

「山口組の直参が殺人で捕まったのは久々のこと。それは警察がマヌケだったわけではなく、ただ直参が抗争にタッチしてこなかっただけのこと。関与していないから30年近くも逮捕されていないんです」

と語気を強めた。

検察側質問に移ると、質問の前に朗読されたのは、落合の渡世歴であった。

16、17歳のころに大頭龍落合一家に入門し、その後、二度の抗争事件に主犯格として関与。20歳のとき、親分を刺した仇とバッタリ遭遇して喧嘩となり、相手を殺害して15年の懲役。さらに出所後2年弱で一家の抗争事件に巻きこまれ、拳銃で撃ちあいとなって懲役12年の刑に服してきた。

二度目の出所後の平成9年、大頭龍落合一家四代目を襲名。平成17年には小西一家の二代目を継承し、山口組直参に昇格した。

直参昇格時の心境を聞かれると、

「大きなプレッシャーを感じたが、自分の半生は喧嘩に明け暮れていたので、そういうことから解放され、内心でホッとしたところもあった」

と答えた。山口組直参は抗争に関与しないという伝統ゆえの安堵であったわけだが、先の弁護側質問で、落合は梶早について、

「喧嘩は大きな重圧がかかる。20日ばかりの勾留で精神科に通う梶早のような肝っ玉の小さい人間にはつとまらない。以前、梶早は『抗争はゲームみたいなもの』と言っていて、そのときは侮辱された気がした」

と証言したのも、自身のそうした武闘歴があってのことだろう。

「暴力団を辞めれば、抗争にタッチしなくても済むのでは？」

との検察の質問に対して、落合は、

「自分は暴力団とは思っていない。義侠心で生きており、とくにいまの親分（司忍六代目）はサムライのなかのサムライ」

と答えている。

かくてさいたま地裁において、落合の組織犯罪処罰法違反（組織的殺人）を問う「埼玉抗争裁判」は大詰めを迎え、論告求刑と最終弁論が行なわれたのはそれから5日後、7月8日のことである。

論告に先立ち、射殺された住吉会系組織幹部の母親からの、

「上の人間が止めていれば事件はなかった」

との手紙が読みあげられた。

続く論告で、検察官は、平成20年3月31日早朝、落合宅で交わされた梶早との会話を重視し、

「『おまえは神戸に行かなくていい。もう行っていい』と言われた梶早元組長は、普段から『喧嘩に負けるな』と教えられていたので、『喧嘩をやれ』と受けとるのは当然」

として総長・落合からの指示と断罪した。

その後、「身を隠すために別荘に向かった」先で、お付きの組員らに、「おまえら、悔しくないのか!?」という落合の言動からも、事件との関与は明らかかと答弁。「面子(メンツ)のためなら殺人も厭わない姿勢は反社会的で凶悪」と評し、落合を「住吉会系組員を殺害した最高責任者」としたのだ。

さらに、「社会との隔絶が望まれる」として無期懲役、銃刀法違反で3000万円の罰金を求刑したのである。

引き続き行なわれた最終弁論で、弁護人は、

「落合総長は他組織とのトラブルを何度も収めており、抗争を起こすはずがない」

と述べ、

「長期刑を二度経験しているから、もし事件を起こせば、生きては戻れない」

として事件との無関係を強調した。

梶早らの証言については、その矛盾点を指摘し、

「落合総長に報復（カエシ）を命じる理由はなく、またその事実もない。梶早らは検察官の誘導に乗せられ（総長の指示によるという）虚偽の供述、証言をしたと推測される」

と主張。郵便不正事件などを例に、同じ冤罪事件であると裁判員らに訴え、「無実の人を有罪にしてはならない」と熱く語った。

最後に、最終意見陳述で証言台に立ったのは、落合であった。

「小西一家の最高責任者として、社会を騒がせ、若い2人の尊い命を散らしてしまう事態になったことを、まずは心よりお詫び申しあげます」

としたうえで、裁判官と裁判員にこう訴えた。

「どうか『眼光紙背に徹す』のお気持ちで、虚偽に満ちた醜悪極まりない調書、証言に惑わされることなく、真実を見抜いて頂きたいと思います」

そして、三島由紀夫の、

《散るをいとふ 世にも人にも先がけて 散るこそ花と吹く小夜嵐》

という辞世の歌を紹介し、

「私もこの歌を胸に生きてきたつもりであります。

私は私の命よりも大事と思っているものがあります。それは男の矜持であります。私は私の為の嘘など死んでも言いません。私の人生も、決して人様に誇れるような人生ではありませんが、少なくとも武士道を胸に、男の道を男らしく、まっすぐに生きてきたと思っております」

と述べたが、それはまさに落合勇治という一人の俠の、それこそ嘘偽りのない、男を賭けた魂の吐露に他ならなかった。

果たして落合の最終意見陳述が、裁判官や裁判員にどこまで理解してもらえたのか。もとより落合には知るよしもなく、すべては10日後の判決公判で決まることだったが、ひた走る思いを述べ終えて、その胸中には一点の曇りもなかった。

世間から暴力団の名で呼ばれるようになって久しいとはいえ、50年近くヤクザの世界に生きてきて、「任俠は武士道なり」と思い定め、自分の信じる道をまっすぐに歩いてきた——との強い自負が、落合にはあった。ただの一度たりとて、汚いこと、卑怯なこと、男らしくないことをしたことはない——との信念。

何より落合の信条は、「嘘を言わないこと」。それを頑なに守って潔癖すぎるぐらいであったから、落合は山口組のなかでも、

「ヤクザとしては古いタイプの人間」

「古すぎる」

「絶対に嘘を言わない、まっすぐな男」

との評価が定まっていた。

それは幼少のころより、祖母や両親、3人の兄たちから、

「嘘は泥棒の始まり」「男は嘘を言うほど恥ずかしいことはない」「男は男らしく」

「やたら喧嘩はするな。だけど、喧嘩になったら絶対負けるな」

と言われ続けて育ってきたことにもよる。

若い衆たちにもそれを求めて、「嘘だけは言うな」「男は男らしく」と、それだけを一番厳しく教育してきたのだった。

第二章　ジギリを賭けた二度の仕事

1

落合は正義感がことさら強い少年であった。小学校6年の卒業文集には、

《刑事になって悪い人を良い人にしてやりたい》

と書いたほどだった。

振り返るたび、落合は苦笑を禁じ得なかったが、そんな少年の日の純情が、我ながら愛しくもあった。その心情は、子どものころから武士道とか武士の生きかたに憧れていたことと、どこかで通じるものがあったのだろう。

静岡でも清水の但沼(ただぬま)(現・静岡市清水区但沼町)という田園風景が拡がる田舎、興津(おきつ)川沿いで生まれ育ち、山や川を飛びまわり、家にあった刀を振りまわしてはチャン

バラごっこに明け暮れた少年時代。

もし、昔の軍隊が健在であったなら、オレは100％の確率で軍人になっていただろう——と、振り返って落合は思うのだった。日本には軍隊がないからというので（子ども心にも自衛隊が軍隊とは思えなかったのだろう）小学校を卒業するころ、なぜ刑事志願になっていたのか、自分でも定かではなかった。

要は、軍隊といい、警察といい、命がけのギリギリの世界——常在戦場の世界に身を置きたいという願望が子どものころからあったのかも知れない。

そして戦後の日本社会で、良し悪しは別にして、その要件が充たされる究極の世界といえば、ヤクザをおいてなかった。なおかつ地元の大頭龍一家に入門し、修行を積んでいくうちに、任俠精神こそは武士道に通じるものとの確信も持てるようになった。

オレはなるべくしてヤクザとなり、若くして「任俠は武士道なりと一筋に誠つらぬき花と散るなり」との辞世を作り、それをわが志とし、男の矜持としてまっすぐに生きてきたのだ——という落合の強い思い。

最終意見陳述は、そんな落合の思い——魂の真率な叫びでもあった。

思えば落合に、「生命尊重以上の価値の所在」を自ら実践して教えてくれたのは、誰であったか。若くして辞世の歌を詠(よ)んだのも、その人物の影響抜きにはあり得なかったろう。

その人こそ、昭和45年11月25日、東京・市ヶ谷の陸上自衛隊東部方面総監室において割腹自決を遂げた三島由紀夫だった。

そのとき、落合は最初の長期刑（懲役15年）を千葉刑務所でつとめている最中であった。しかも、前月、特警（特別警備隊）を殴る傷害事件を受け、懲罰房に収監されていた。刑務所のなかの刑務所ともいわれる独居房である。

そこには布団以外に何もなく、懲罰房入りは本や新聞はもとより、テレビ、ラジオも禁じられ、他の受刑者との音信も一切断たれることを意味した。

落合がそんな違反行為をしたのは、権力を笠に着て受刑者を威圧して屈伏させようとする特警の横暴さに我慢がならず、つい手が出て相手を叩きのめしてしまったのだ。特警の目を覚まさせ勘違いを正してやろうとしたことが、やり過ぎて手荒になったのは、23歳という血気盛んな若さのせいであったろう。

おかげで当時としてはめったにない事件送致にされ、刑が4カ月加算されたが、落合にすれば、やむにやまれぬことだった。

その懲罰中に起きた大きな出来事が、11月25日の「三島事件」であった。

ラジオや新聞、書籍類を一切断たれた懲罰房でも、ニュースの時間になると、よそ

の房からラジオの音がかすかに聞こえてくる日もあり、その日、落合が聴いたのは、

「――三島由紀夫が……」

という音声だった。アナウンサーと思しき遠くからのかぼそい声なのに、耳が過敏に反応したのは、三島由紀夫の熱心な読者であったせいかも知れない。

〈――ん？　三島由紀夫がどうしたって？　ノーベル賞でも取ったのかな？……〉

当時、三島はノーベル文学賞候補として名が挙がっていた。落合がドアの通声孔に耳を押しあて、全神経をそこに集中していると、

「……市ヶ谷……楯の会……乱入……割腹……」

といった声が切れぎれに聞こえてきた。

三島の自決を直感し、落合は愕然となった。

〈とうとうやったか！　さすがだ。三島由紀夫の言葉に、嘘はかけらもなかったってことだな……〉

落合を大きな衝撃と感動が襲った。三島の文学はいまひとつわからなかったが、『行動学入門』や『文化防衛論』『葉隠入門』といった思想的な本は貪（むさぼ）るように読んでいて、深い共鳴を寄せ、作家としてというより、行動する思想家として傾倒していたのだった。

〈けど、地位も名誉も富もすべて兼ね備え、両親も健在、妻子にも恵まれ、そのうえ健康そのもので、45歳の男盛り。それらをすべて抛って、自決とは！……なぜだ？……〉

懲罰中の身とあって、落合に考える時間はたっぷりあった。結局、翌月の12月28日の懲罰明けまで、毎日そればかり考えて過ごすことになった。懲罰が明けて、雑誌などで事件の詳細を知るにつけ、三島の凄さと偉大さを改めて認識し、落合は尊敬の念を抱いた。と、同時に、自分の矮小さを思い知った。

《私は親分の為、組織の為には我が身を捨てると誓って盃を飲んでいるのです。誓った以上、それが人の道に反しない限り実践するしかありません。しかし、三島先生の事件に接したときには（一緒に自決した）森田必勝烈士がうらやましかったです。私も出来得ることなら、森田烈士に自分がなりたかったと思いました。同じ大義の為に捨身になるにしても、あまりにも大義の大きさが違い過ぎていたので》（落合総長からの手紙）

その三島の辞世、さらにはそれに感化されて詠んだ自分の辞世を胸に秘め、その志に生きてきたことを、落合は一審の最終意見陳述で披瀝したのだった。

落合にとって、ゼロから捏造された今度の事件が何より我慢ならなかったのは、命より大事な男の矜持が悉く侮蔑されていることであった。

若い衆に「報復をやれ」と指示しておきながら、「知らん」と嘘をつき、逃げを打っている男にされているという事実。卑劣さを憎み、つねに男らしく、嘘をつかないことを己の信条として守り通してきた男に対して、これ以上の冒瀆はなかった。

それより何より、50年近いヤクザ人生において、落合はいまだかつて若い衆を自分が命じて懲役に行かせたことなど、ただの一度もなかった。

少年時代から現在に至るまで、揉めごとの一切は、人のこと（仲間、友人、身内、兄貴分、親分が原因）で自分が前面に出て引き受け、その責任を一身に背負ってきたというのが、落合勇治という男の半生だった（唯一の例外が前述の千葉刑務所内の傷害事件だった）。その結果が、二度の少年院を含めて30年を越す幽閉――獄中暮らしとなったのだ。

その経歴が、落合という男の生きかたを如実に物語っていた。

落合が初めての少年院送りとなる事件を起こしたのは、静岡市立大里中学3年の2学期末、昭和37年12月末のことだった。

喧嘩に負けたことのない落合は、大里中学の番長、というより、静岡市内の全中学校に君臨する総番長であった。そんな落合が、不良少年仲間15~16人とともに、現在の静岡市駿河区の登呂遺跡で酒盛りをしていたときのことだ。仲間の1人から、

「オレの彼女にちょっかいを出してくるヤツがいる。とっちめたい」

と相談を受けたので、

「やめておけ。オレが話をつけてやるから」

と請けあった。

酒盛りの場へ相手を呼びだすと、落合たちより7、8歳上の寿司職人だった。落合は男に詫びを入れさせたうえで、「これを機に仲良くしよう」と、暴力を使わず、丸く収めたのだ。

だが、間もなく事件は起きてしまう。落合が寿司職人が乗ってきた出前用の小型バイクを借り、酒盛りを抜けて清水の従兄弟の家に繰りだした矢先のことだった。その留守中、仲間たちが話を蒸し返し、和解したはずの相手をボコボコにしてしまう。

「すぐ帰ってくるから、おまえら、仲良く遊んでおけ」

との落合の言いつけも守られなかったのだ。

落合も清水からの帰路、交通一斉取締りに引っかかり、未成年の飲酒と無免許運転で警察に捕まるハメとなる。おまけに留守中に仲間が勝手に起こした暴行事件も、ボ

スである落合の指示ということにされてしまう（奇しくも今回の埼玉抗争事件の構図と似ていた）。

かくて少年院送りとなるのだが、落合は3カ月ほど前にも暴力事件を起こしており、それと併せて決定的となったのだった。

前回の事件は、2学期が始まったばかりで、静岡の中学陸上競技県大会会場でのこと。落合たちと他の中学の不良グループとが揉め、一触即発となったのだ。落合たちのほうが圧倒的に人数が多く、相手を袋叩きにしようとする勢いだった。

落合はそれを止め、相手のボスに頭を下げて収めようとしたところ、

「うるせえ！　やろうじゃないか！」

と突っ張ってくるので、落合も仕方なく応じ、ボス同士の勝負ということになった。

「ステゴロでやるのか、ヤゴロでやるのか？」

落合が問うと、

「どっちでもやってやる！」

と、なおも突っ張る。ステゴロは素手の喧嘩、ヤゴロは刃物を使った喧嘩のことだった。

「ヤゴロは命がかかるぞ！」

「上等だ！」

互いにナイフを取りだして身構えた。誰の目にも落合のほうに余裕があるのが見てとれた。睨みあいの末に、すばやく間合いを詰めたのは落合だった。

落合が軽く肩を突くと、相手ボスはバランスを崩し倒れそうになった。「くそっ！」屈辱で顔面を朱に染めた相手が、次にとったのは苦し紛れの行動だった。

落合目がけて、手にしたナイフを投げつけたのだ。ナイフは落合の左耳横をうなりをあげて飛んでいった。それより早く、相手ボスは踵を返して逃げていく。

「待て！　このヤロー！」落合が追いかける。簡単に追いついてポカポカやりだしたところへ、なぜかスコップを持った作業員連中まで飛び入りして、たちまち乱闘シーンが展開される。

そこへパトカーが登場し、ようやく騒動の幕は降り、落合も御用となったのだった。

2

落合の初等少年院入りが決まったとき、中学の卒業が間近に迫っていた。

卒業式に出席できない息子を不憫に思い、卒業証書と紅白饅頭を持って、愛知の豊ヶ岡初等少年院へ届けてくれたのが、父の董朗であった。

勇治は面会所で、その一対で紅白2個の饅頭を見て仰天する。なんと普通サイズの4、5倍はあろうかという超特大のものが箱に入っていたからだ。

「卒業式の紅白饅頭は、面会時で特別に食べさせることができる」

と少年院側から聞いた董朗が、饅頭屋に特別注文して作ってもらった品だった。しかも1個で済むものを100個単位でないとダメと言われ100個作ったものだから、いくら知りあいや近所に配っても無くならず、家族で食べるしかなかった。終いには饅頭を見るのも嫌になったというのを聞いて、勇治は父親の深い愛情を感ぜずにいられなかった。

この父董朗から、勇治は人間形成のうえでどれだけ影響を受けたことか。そのDNAを最も色濃く受け継いだのも勇治で、よく子どものころから皆に「父親そっくりだ」と言われ続けてきた。

董朗は名誉を重んじる古風な日本男児の典型で、「盗っ人になるな」「男らしくあれ」と、子どもたちに口を酸っぱくして説き、男らしいかそうでないか——を、男の値うちの基準にしているようなところがあった。

正義感が強く、気性も激しい一方で情に厚く、困っている人間を黙って見ていられない性分だった。

金を貸して返してもらえなくても請求しない夫に対し、愚痴めいたことをこぼしこそすれ、子どもたちには、そんなお人好しの父親だが、人間的にはいかにすばらしいか、称えるように話すのが、母のまさゑだった。

この平岡董朗を父、妻のまさゑを母として、昭和22年6月26日に生を享けたのが、6人兄弟（兄3人、姉1人、妹1人）の4男として平岡益幸、後の落合勇治であった。

清水の奥の但沼で蜜柑栽培などの農業を営んでいた董朗が、静岡市内の繁華街に引っ越したのは45歳の男盛りのときである。勇治は10歳、小学4年生であった。

董朗は転業を決断し、友人たちと資金を出しあって会社を設立。1000坪の土地に建つ65部屋のアパート経営に乗りだしたのだった。

そのとき、ヤクザが数人、手形の件で会社に乗りこんできたことがあった。常務として対応していた董朗は、さんざん脅しをかけてくる彼らに対し、埒が明かないと見て、

「やれるもんならやってみろ！　このドチンピラどもが！」

部屋中に響きわたる大音量で一喝したのだった。

その気迫に押されたのか、招かれざる客たちはおとなしく引きあげるしかなかった。

現場を目のあたりにした董朗の友人が、そのことを後々まで語り草にしたものだった。

昭和56年、勇治が最初の長い懲役から帰ってきたばかりのころだ。勇治は34歳、董朗は69歳になっていた。

たまたま勇治より10歳上の長男進と勇治、妻のさとみの3人が自宅の居間に集まり、話をしていたときのことである。

話の弾みで進の口から、父親に対するどうでもいいような悪口が出たことがあったのだが、それが運悪く、2階にいた董朗に聞こえてしまった。

階段の上から、

「何ィ！　何を言ってるんだ!?」

と言うなり、董朗は凄い勢いで階段を駆け降りてきた。と思う間もなく、次の瞬間、董朗は階段の中段から宙を飛んでいた。

直後、老体は「ドスーン！」という音とともに居間の畳に落ちていた。あまりに激しい物音に、勇治たちが心配して駆け寄ろうとすると、董朗は物ともせずにすぐさま起きあがった。

大胡坐（あぐら）をかいたまま、

「何を言ってるんだ、おう！」

と進に対し、唸りだした。

その様子に、勇治とさとみは啞然（あぜん）としてしまった。次いであまりのことに笑いがこみあげてきてならなかった。

2階から勢いよく宙を飛んできて、ふつうなら腰の骨を折ってもおかしくないのに、怪我ひとつした形跡もなく、ひと言も痛いとも言わず、まるで何事もなかったかのように、次の瞬間には長男に猛然と文句を言っているのだ。その姿はとても69歳の老人とは思えなかった。

〈なんという親父だ！　まるでスーパーマンじゃないか〉

勇治はさとみと一緒になって必死に笑いをかみ殺した。

董朗は明治45年生まれ、典型的な明治男で勇治が物心つくかつかないころから、父から言われ続けたのは、「ともかく男らしくあれ」。少々世間の常識からはみ出たことをやったとしても、男らしさに反していなければＯＫ、男らしくなかったら死んでも駄目という躾（しつけ）だった。

盗みや泥棒は御法度。家族のなかで一人でもそんなことをする者が出たら、「家族全員が村におれなくなる」。

勇治が生まれ育った清水・但沼という村は戦後民主主義の世の中になっても、まだまだ戦前の封建的な風潮が色濃く残っており、兵隊帰りも多かった。

村は自然に恵まれ、緑に包まれて豊饒な田園地帯が広がって、興津川が滔々と流れ、冬でも気候は温暖であった。勇治のこよなく愛する故郷だった。思う存分、野を駆け巡り、夏になれば興津川で遊び、水泳や魚釣り、銛で魚突きに興じ、祭り囃子に浮かれたあの日々……。

勇治の後年の山や川への愛着、自然への偏愛もここに起因していた。

父の董朗は、持ち前の激しい気性は普段めったに見せず、勇治も小さい時分からただの一度も殴られたこともなければ、大きな声で怒られたこともなかった。

辛気くさいのは嫌いで冗談好き、よく冗談を言っては子どもたちを笑わせ、それを見て自分も喜ぶような陽気な男が、董朗だった。

小柄だが骨太、若いときには柔道をやっていたと言い、「背負い投げが得意だった」と子どもたちには自慢していたが、勇治には多分に疑わしく、子ども心にも、決して強かったろうとは思えなかった。

それでもこの明治男がスポーツマンである片鱗は、夏、一緒に川に泳ぎに行くと目のあたりにすることができた。董朗は興津川の深間でクロールや平泳ぎだけでなく、日本泳法の古式のいろんな泳ぎを見せてくれるのだ。それは唸ってしまうほど見事なものだった。

勇治にとって父との思い出は、但沼の田舎道のそこかしこにも詰まっていた。勇治には小学2年生ぐらいまで肩が脱臼する癖があり、そのつど彼を背負って1キロほど離れた接骨師の家へ連れていってくれるのが、董朗だった。その往復の道程が、父子のまたとないスキンシップとなったのだ。父の背が温かくも頼もしかったことを、勇治は後々まで憶えていた。

その平岡董朗が71年の生涯を閉じたのは、昭和58年10月18日のことだった。盛大な葬儀が執り行われ、会葬者はおよそ3000人にものぼったという。

妻から父親の葬儀の様子を聞いた勇治は、

〈親父らしいな……。小さな会社の役員をしていただけの、政治家でも大会社社長でもヤクザの大親分でもない、一介の市井のオヤジに過ぎないのに……それだけの人間が葬儀に来てくれるとは!……世話好きで親切で人情に厚く正義感が強かった親父……それだけ大勢の人に好かれたってことだなあ……〉

感無量であった。

このとき勇治は、この年1月に発生した宮ヶ森銃撃事件で逮捕され、静岡拘置所に勾留中の身であった。ヤクザ渡世の宿命とはいえ、父親の死に目にも遭えず、葬儀にも出席できない己の不徳、親不孝を、勇治は拘置所から詫び、一人、手を合わせるしかなかった。

勇治は母まさゑから受けた愛情の大きさや、そのやさしさも終生忘れられなかった。但沼の小学校は自宅から3キロほど距離があり、雨の日となると、まさゑが傘を持って迎えにきてくれるのがつねだった。一緒に帰る際、母から「おんぶするの？」と聞かれ、勇治が「うん」と答えると、

「しょうがないねえ、まっちゃんは。甘えん坊で……」

とうれしそうに言っておんぶに及び、それは雨の日に毎度繰り返されるワンパターンだった。「まっちゃん」は本名の益幸からきており、両親ともどもそう呼んだのだが、まさゑは何かというと、「まっちゃんは！」と絶句し、歯を食いしばるような挙措（きょそ）を見せた。可愛いくてしょうがないというまさゑ流の愛情表現であると、勇治がしみじみ思い知ったのは後年のことだった。

この母が50歳という若さで世を去ったのは昭和41年10月28日のことで、このときも勇治の身は特別少年院にあり、その死を看取ることはできなかった。

3

祖母、両親、兄弟6人（男4人、女2人）という大所帯の平岡家にあって、男の末っ子の勇治は俗に言う「おばあちゃん子」、祖母に猫可愛いがりされて育った。

勇治が2歳になったとき、妹が生まれたのを機に、祖母はこの末の男の子と一緒に寝るようになり、それは小学4年生になるまで続いた。兄弟喧嘩をしても、祖母だけは決まって勇治の味方をしてくれるのだ。

祖父が早くに亡くなっていた平岡家では、祖母がかなりの実権を握っており、勇治も甘やかされて育ったのは否めなかった。

兄弟のなかでは長兄の進がズバ抜けて優秀で、小・中学の成績は学年で一番、静岡では静岡高校と並ぶ進学校である清水東高校へと進学した。

進よりちょうど10歳下の勇治は、進が高校へ入学が決まったときは6歳、まだ小学校入学前の歳だった。そんな末の弟に対し、

「これからは英語の時代だ」

と宣し、英語を強制的に教え始めた。

勇治にすれば嫌で嫌でたまらなかったが、A、B、C、アイアム・ア・ボーイから始まる長兄の英語指導は熱心に行なわれた。小さい末弟の理解が遅いと、容赦なく拳骨まで飛んでくる。なかなかのスパルタ教育だった。

祖母が見かねて、

「もうやめておけ。本人はまだ小さいんだから」

と止めても、進は頑として聞かず、

「本人のためなんだから」

と自分の信念を貫き通した。結局、長兄の英語指導は1年半ぐらい続いたろうか。勇治は中学1年生の英語教科書1学期分ほどの分量を学んだから、後年、中学生になったとき、英語は得意科目となった。

長兄が10歳上、次兄の多吉が7歳上と歳が離れていたので、勇治の遊び相手となってくれるのは、3歳上の三兄・強であった。強は弟の面倒見が良く、小さいころから2人はいつも一緒に山や川で遊び、相撲ばかりとっていた。仲の良い兄弟だった。

このすぐ上の兄は正義感も喧嘩も強く、高校時代は番長を張った男で、勇治も相撲や精神面を大いに鍛えられた。いわば、身近で勇治に最も影響を与えた存在といってよかった。

このヤンチャな2人の兄弟が、静岡の繁華街を歩いていたとき、街の愚連隊に囲まれ、やりあうハメになったのは、強が高校生、勇治が中学生になったばかりのころだった。

5対2と数のうえでは勝っていても、こと素手の喧嘩となれば、さしも愚連隊も兄弟の敵ではなかった。戦いに勝ったのは平岡兄弟のほうで、これが勇治にとってストリート・ファイトのデビュー戦となった。

長じて長兄の進と次兄の多吉が公務員となり、三兄の強は自分で建設会社を興し、一人何役もつとめ過労で倒れるほど我武者羅(がむしゃら)に働いて経済的基盤を作りあげ、会社を軌道に乗せた。

3人の兄と違って、兄弟のなかでただ一人、ヤクザ渡世に身を投じた勇治が、非合法の経済活動に手を染めることなく渡世を張ってこれたのも、強の経済的バックアップがあってのことだった。

勇治もこのことは誰彼となく、

「オレがきれいごとを言って世渡りできたのも強兄貴のお陰、金銭的に困ることなく、人様に頭を下げる必要もなく堂々と生きてこれたのも、強兄貴あってのこと」

と公言して憚らなかった。

お灸を据えるの語源通り、昔の田舎の家では、やや度の過ぎた悪戯をした子どもに対して、お灸を据える風習があり、勇治も一度だけその洗礼を受けたことがあった。

小学1年生のときだった。祖母のよねとともに家にいて、勇治は何かのことでよねから注意されたのだが、それが面白くなく、

「クソババア！」

と悪態をついたのだ。

よねは箒を持って怒った。

「こらっ！　まっちゃん、悪い子だ！」

勇治は廊下から庭に飛び降りて逃げながら、なお悪態をついた。これにはよねも、普段は猫可愛いがりしている孫に、

「皆が帰ってきたらヤイト（お灸）を据えてもらうからな！」

とめったにないことを宣告した。

よねの言葉に、幼い勇治は怖気づくどころか、なおさら反発心が湧いてきた。

「ようし、どうせなら、こうしてやる！」

と言うや、石を投げて家の窓ガラスを何枚も割る挙に出たのだ。

そのうちに家族みんなが帰ってきて、勇治は兄3人に取り押さえられ、お灸を据えられることになった。背中でもぐさが燃える熱さは半端ではなく、

「熱い！　熱いよ～！」

と勇治も悲鳴をあげた。

側で見ていて、両親や祖母は可哀想になってきて、

「まっちゃん、早くごめんなさいと言え！」

と促すのだが、勇治はなかなかそれを言わなかった。兄貴たちも「強情なヤツだ！」と怒り、さらにお灸を追加していく。

「熱い、熱い！」と泣くくせに、「ごめんなさい」を言わない勇治に、両親と祖母は困ってしまった。

とくによねは、孫が泣いているのに見ていられず、

「まっちゃん、早くごめんなさいと言いなさい」

と哀願するように言った。

それでも勇治が謝らないので、兄貴たちもいよいよムキになった。自分たちもさんざんやられてきて、その熱さを知っているだけに、末弟の頑張りは驚異的だった。

「強情なヤツだ！」

お灸の数を増やしていくうちに、彼らもだんだん興奮してきて、こいつはいったいどこまで我慢できるんだろうと試してみたいような、サディスティックな気持ちにさえなってきた。

そんな兄貴たちの様子が、幼な心にも伝わってきて、勇治は猛然と反発し、意地でも「ごめんなさい」と言いたくなかったのだ。

最後は父の董朗がストップをかけて終わったのだが、据えたお灸は26個にもなり、

「この子の強情さときたら！」

と皆が呆れるばかりで、後々まで平岡家の語り草になった。

勇治が静岡駅南の大里中学校に入学したのは昭和35年4月のこと。昭和22年生まれ、「団塊の世代」と言われるベビーブーム世代の代表である勇治の学年はなんと16クラス、800人もの大所帯だった。

小さいころから強と相撲ばかりとっていた勇治は、中学になって始めた柔道でメキメキと頭角を現し、3年のときには柔道部キャプテン、高校生や大学生、社会人に混じって県の強化選手に選ばれるほど強くなっていた。喧嘩でも向かうところ敵なし、一度も負けたことがなかったのも、この柔道のお陰で、大里中学の番長を張ったのは

もちろんのこと、いつしか静岡市内の全中学の番長たちに君臨する総番長として、勇治はその名を馳せていた。

そんな勇治であったから、学校では不良のレッテルを貼られ、問題生徒扱いされていた。その反動からか、勇治は教師の言うことは聞かず、何かというと反抗していたのだが、それでも一部の理解してくれる教師には弱かった。

東京から転勤してきて最初の授業でぶつかった伊藤という英語の女教師も、勇治が心通わせた数少ない1人だった。

伊藤先生は40歳くらいの男勝り、生徒には一様に厳しく、皆からキツい教師として恐れられ、教師たちからも一目置かれていたほどだ。授業中の勇治とその仲間の態度にカチンときた伊藤は、

「あんたが平岡だね。話は聞いてます、不良だと！」

と面詰（めんきつ）。勇治も別に否定する理由もないので、

「そうだよ」

と応えて、その場は何ごともなく終わった。

勇治は不良仲間2人とともに次の授業をサボり、屋上にいると、担任が来て〝事情聴取〟を受けた。

「授業を受けたくないからサボった」

と勇治は答え、他の2人は、

「前の授業で伊藤先生に不良だと皆の前で言われ、面白くなかったから」

と答えた。担任はその後も勇治に対し、

「不良と言われたからではないのか？」

と問い質したが、勇治は、

「違うよ。ただ授業を受けたくなかったから」

と同じ答えを繰り返した。終いには校長室にまで呼びだされて確認されたが、勇治の答えは変わらなかった。

この勇治の態度に感心し、男として見直し、惹かれてしまったのが、かの女教師であった。

次の英語の授業で、彼女は勇治の仲間2人に対し、

「君たちは男らしくない！ みんな私のせいにして！」

とさんざん面罵する一方で、

「それに引き換え、平岡君の男らしいこと。いいですか、男はつねにこうあるべきです。君たちも少しは見習いなさい！」

と勇治を絶賛。以来、すっかり勇治贔屓となり、廊下の遠くからでも勇治を見つけると、彼女は走ってきて、

「平岡君、ちゃんとやっている!?」

とまるで母親のように親身になって声をかけてきた。これには女子生徒からも、

「平岡君、次は英語だよ。うれしいでしょう!?」

と冷やかされることしきりで、勇治も照れくさくて適わなかった。

4

勇治が地元の名門・大頭龍一家に入門したのは、大里中学校を卒業し、愛知の豊ヶ岡初等少年院から帰ってきて間もなくのことである。

すでに大頭龍一家吉本三代目落合賢治の若い衆になっていた中学の三つ歳上の先輩にスカウトされたのだった。

ある日、その先輩が勇治のもとに、

「遊びに行こう」

と誘いに来たのが始まりであった。

ついていったところが静岡市七間町、その先輩の親分・落合賢治が束ねる大頭龍の本部事務所で、ちょうどその日は一家の定例会にあたり、親分を始め幹部たちも集まっていた。

「親分、この男が平岡です」

先輩に紹介されて、勇治がかねて噂に聞く地元の親分・落合賢治に挨拶すると、大頭龍三代目は、

「ホー、君がそうか。喧嘩強いらしいなあ」

と第一声を放った。どうやら案内人の中学の先輩が、勇治のことを、

「静岡の全部の中学の総番長」

「喧嘩でいまだ負けたことがない男」

「柔道部の主将で県の強化選手に選ばれた」

といった調子で、あれこれ前宣伝してくれているようだった。名のある親分に持ちあげられて、勇治も悪い気はしなかった。親分ばかりではなかった。他の幹部たちも、

「おお、いい目をしてるなあ」

「いいツラ構えしてる。根性もありそうだ。この稼業に向いてるぞ」

などと皆が皆、16歳の小僧をおだてたり、チヤホヤしてくれるので、勇治はすっかりいい気持ちになり、その気になっていた。

それから大頭龍一家に出入りするようになるのだが、勇治がすぐに落合賢治に部屋住みを願い出たのは、月に一回の定例会で親分や兄貴分について来るだけの若衆と、部屋住みの若衆とが、まるで別人のように見えたからだった。

同じ若衆なのに、所作や姿勢、目の光り、身構えなどがまるで違うのだ。やはり部屋住みという厳しい環境に身を置き、本格的修行を積んでいる者とそうでない者との違いは歴然としていた。

〈やるからには部屋住みから修行しなければ……男になるにはそれしかない〉

と、勇治は決断したのだ。

その願い出を聞いて、落合賢治は喜び、

「おまえ、そりゃええ。たいしたもんだ」

と褒めた。自ら部屋住みを買って出るような若い衆には、近ごろとんとお目にかかったことがなかったからだった。

静岡の名門テキヤ組織・大頭龍一家は、初代大頭龍為五郎―二代目岩瀬新三郎―三代目栗下又三郎と続く系譜で、初代が47歳の若さで世を去ったのは大正13年2月7日のことだった。

大頭龍初代の分家を名のったのが、東京で稼業を張る仮設興行界の顔役・吉本治作であった。その吉本と関東大震災直後に浅草のほうで縁ができて盃を受け、やがて静岡に流れて当地に腰をおろし、吉本二代目を継承したのが落合漲治である。

大頭龍吉本二代目落合漲治は、東海神農界の大立者として名を馳せ、戦後は静岡市議を2期つとめるなど、地元にも多大な貢献をした親分でもあった。

その跡目をとって大頭龍吉本三代目を継承したのが、先代落合漲治の長男実子である落合賢治だった。

大頭龍の名は、菊川市にある大頭龍神社に由来し、一家は戦前、静岡を宗家として各地に枝わかれして隆盛を極めた時代があったが、その後、継承者もなく、三代目栗下又三郎の代で途絶える形になっていた。

大頭龍分家吉本二代目を継承した落合漲治が戦後、歴史のなかに埋れていた大頭龍を掘り起こす形で再興させ、静岡を始め、福島、栃木、東京、岐阜、兵庫に散らばる一門一統を結集して大頭龍連合会を発足したのだ。会長に落合漲治が就任、副会長には姫路の岡田一家組長岡田守一が就いた。

入門したばかりの10代の勇治にとって、親分賢治のそのまた親分である落合漲治は雲の上の存在である。口を利くことさえ適わなかったが、それでも一度だけ声をかけてもらったことがあった。賢治に付いて大頭龍本部へ行ったときのことだ。そこに二代目がいて、勇治に目を止め、

「賢太郎から聞いたが、おまえは晃東の息子らしいな?」

と訊いてきたのだ。賢太郎は賢治の本名で、晃東というのは、勇治の父・董朗が経営していた静岡一大きなアパートの名だった。

「ハイッ!」勇治が直立不動の姿勢で答えると、

「いいとこの息子じゃないか。賢太郎のところなんかにいないで家に帰れ!」

と言うので、勇治は驚いた。いくら父親の晃東アパートが有名でも、まさか落合漲治のような大親分が知っていようとは思ってもいなかったからだ。

後日、勇治が先輩から聞いた話によると、漲治は以前、晃東アパートに女を囲っていた時期があったのだという。父の董朗がアパートを購入する以前のことにせよ、道理で知っているはずであったが、勇治とはそんな奇縁もあったのだった。

地元静岡では神農業界の大立者であり、大変な実力者、人気のある親分で、錦政会の稲川角二親分も、

「落合と喧嘩はまかりならん」

と身内に厳命するほどで、張治は児玉誉士夫との交流もあったという。

長男で跡目をとった賢治も、張治には頭があがらず、「ハイ」としか言えないほど怖い存在であった。

その張治が薬石効なく世を去ったのは、昭和54年1月19日のことである。享年71。落合家の菩提寺である静岡市沓谷の蓮長寺において盛大な葬儀が催された。

勇治は最初の長期刑を大阪刑務所でつとめている最中であり、ちょうど出所2年前のことだった。

勇治にすれば、歴史上の人物ともいえる偉大すぎる存在であったが、その訃報に、入門時のたった一度の触れあいが懐かしく思い出された。

勇治が男になる日は意外に早くやってきた。

それは親分・落合賢治のシノギに絡んでのことだった。当時、親分がシノギにしていたのは夜の街を対象にした広告専門紙の発行で、そのため静岡ネオン街のクラブ、キャバレー、バー、スナック、料理店、あるいは会社等から広告をとっていた。

大勢のスポンサーを抱えていたのだが、そのシノギを妨害する者が出てきた。

「そいつは広告を出すのを拒否しているばかりか、他の店のオーナーたちにも呼びかけて『広告の効果なんかないからやめたほうがいい』と拒否運動を推し進めている、とんでもないヤツだ！」

と、大頭龍一家の先輩たちが言うのを、勇治も耳にしていた。なんでも大きなバーのオーナーであるという。説得しても、男はなかなか聞きいれず、先輩たちは、

「店を潰す！」

と息まいていた。

結局、男の店で最後の話しあいが持たれることになり、Sという先輩に同行することになったのが勇治であった。

Sが男を説得して埒が明かなかったら、そのときは勇治の出番で、大暴れして店を叩き壊してしまうという段どりになったのである。が、正直なところ、勇治にはいまひとつ気が乗らない仕事であった。

その夜、2人は客として入店し、Sがオーナーとカウンター越しに話しあいに入ったのだが、男の強硬な態度はいっこうに変わらなかった。

途中、先輩Sがトイレに行くために立ちあがったとき、勇治にそっと目配せした。「ついてこい」という合図で、2人してトイレに入ると、Sは勇治に、

「よし、行け！」

と、ついに決行の指令を出した。

気が進まなかったものの、ここまで来たら仕方ない——と、勇治も肚を決めてSと席に戻ったところ、待ち構えていた相手が2人に、とんでもない罵詈雑言を浴びせてきた。

これには気が進まなかった勇治も、そんな心持ちもどこかに吹っ飛んでしまうほど、激昂してしまう。なにせ18歳目前の17歳、血気盛んな年ごろ、それでなくとも人一倍ヤンチャで血の気が多い硬派不良少年なのだ。

「このヤロー！　人がおとなしくしてりゃ、言いたいことを言いやがって！」

怒鳴るより早く手が出ていた。目の前のオーナーを思いきり殴りつけると同時に、椅子を手にとり、ブンブン振りまわし、そこら中のものを叩き壊し始めた。

「ガシャーン！　バーン！」

若いエネルギーのありったけをぶつけるように力の限り椅子を叩きつけるものだから、その破壊力たるや凄まじかった。

勇治は店内のテーブルから窓ガラス、植木鉢や絵の類、ブランデーやウイスキー、ビールなど、アルコールのボトル一切、食器類やグラス一個残さず叩き壊した。

その破壊状況を検分した刑事は、店内の惨憺たる様子に度肝を抜かれ、

「こりゃ、西部劇より凄いな！　1人でやったって⁉　凄い若衆もいたもんだな！」

と落合賢治や幹部たちに感嘆の声をあげたものだ。

だが、勇治はいくら身内からそんな刑事の言葉を伝え聞き、

「一家のため親分のため、いい仕事をした」

と先輩たちに褒められても、いまひとつスッキリしなかった。

この事件によって、勇治は小田原の特別少年院送りとなり、1年7カ月の収容生活を余儀なくされるのだ。

この小田原特別少年院は日本で唯一の訓練少年院で、朝から晩まで一日中、柔道、相撲、剣道、長距離走（10キロメートル）の種目に取り組み、そのトレーニングが入所から出所まで続くという、世にも珍しい少年院であった。

そのために施設には立派な道場や土俵が完備され、柔道や剣道の高段者である教官たちがスパルタ式に徹底的に鍛えてくれるのだ。

平沼院長という法務省でも力のある人の教育方針で、すべてを軍隊式にして、礼の代わりに敬礼（挙手の礼）、チャイムの代わりにラッパ（トランペット）が鳴り響き、作業は一切なかった。

軍人になりたかったという勇治にすれば、苦になるどころか、むしろ理想ともいえる少年院で、喜々として武道やランニングに励み、軍隊式の生活を送ったものだ。

平沼院長は立派な髭を蓄えた古武士のような雰囲気がある人だった。話しかたや所作にも圧倒されるような風格があり、教官はもとより勇治を始め院生たちからも尊敬されていた。

そんな理想的な環境のもと、勇治は1年7カ月の修行生活を送って一段と男を磨いて、静岡に帰ってきたのだった。

5

昭和42年2月9日夜半のことである──。

偶然というにはあまりの偶然に、勇治は心底驚いた。

店のママは、確かにその客を「与根川さん」と呼んだのだ。

仲間の少年3人と初めて入った静岡市人宿町1丁目の「ポプラ」というバーだった。夜も遅く、11時半を過ぎて閉店も間近い時間になっていた。カウンターに座る3人連れの1人に、ママがそう呼ぶのを、勇治が耳にしたのは、帰ろうとして勘定を済ませた直後のことだった。

「与根川さん？　あの『○○組の与根川兄弟』で知られる与根川さんですか？」

「与根川」の名にギョッとしたような反応を見せ、問いかけてくる少年に、

「そうだ、オレが与根川だよ。なんだ、おまえは？」

与根川は傲然と言い放ち、勇治を睨めつけた。静岡でも名うての暴れ者として知られる「与根川兄弟」の27歳の兄のほうだった。

連れの2人は、24歳の弟と18歳の従兄弟であった。20歳を目前にした19歳の勇治からすれば、与根川兄弟はだいぶ年長である。

〈まさか、ここで一発で親の仇に会えるとは……〉

勇治とて、この「ポプラ」が与根川兄弟の行きつけの店であることは、人伝てに聞いて知っていたのは事実だった。が、兄弟の顔も知らない勇治は、2人に遭遇するまで何度でも店に通うつもりであったから、その僥倖が信じられなかった。

「――ここで会ったが百年目ってヤツだな」

「小僧、どこのどいつだ、おまえは？」

「大頭龍落合一家の者だ！」

「……落合？……そうか、おまえ、平岡ってヤツだな」

与根川はすぐに勇治とわかったようだった。この時分はまだ平岡姓の勇治、親分・落合賢治の婿養子となり、落合姓となるのはまだ先のことである。

「ここじゃ喧嘩もできない。表に出ろ！」

勇治が怒鳴ったときには、連れの身内3人も、奥のボックス席からカウンター前に駆けつけていた。

「兄貴、どうした⁉」いずれも勇治の配下で、20歳前の少年だった。

「ああ、見つかったよ、一発だ。オレたちはついてる」

「すると、こいつが……」

「そうだ、与根川だ」

「ヤロー！」少年たちが色めきたった。

勇治は与根川に顔の向きを戻すと、

「そういうことだ。オレたちはおまえを探してたんだ」

「うるせえ！　小僧のくせしやがって……」

与根川兄は鼻で嗤（わら）った。

この与根川兄弟こそ、勇治の親分である地元静岡の顔役・大頭龍吉本三代目落合賢治をドスで刺し、重傷を負わせた憎き仇であった。

間違いが起きたのは、前々年の昭和40年秋、静岡市横田町の西宮神社で行なわれる恒例の恵比寿講の高市（縁日）でのことだった。同じ静岡に勢力を張ってはいても、テキヤの老舗である大頭龍一家とは稼業違い、某博徒一家に所属する与根川兄弟は、恵比寿講で行儀の悪い真似をしでかし、その高市を仕切る庭主の落合賢治に咎められたのだ。が、与根川は端から喧嘩を売る肚だった。

「うるせえ！　落合が何だってんだ！」

兄弟のドスがきらめき、落合賢治を襲った刀はその左腕を貫いて左胸に入り、心臓手前で止まった。あわやというほどの深手を負わせる始末となったのだ。

さらに与根川兄弟は、近くにいた大頭龍吉本先代落合漲治の次男で賢治の実弟の定夫をも襲い、太股を刺した。

当然ながら、東海テキヤ界の大親分・落合漲治の一番実子と二番実子が刺された大頭龍一家はいきりたち、報復の念を燃やして抗争は必至の様相を呈した。

だが、いち早く落とし前をつけたのは、兄弟の所属する博徒一家だった。

「いくらなんでも、うちの与根川のほうが悪すぎる」

として兄弟を破門処分にし、上の者が大頭龍の2人の実子の見舞いに訪れ、頭を下げたことで大事に至らず、手打ちとなったのだった。

この事件は、勇治が小田原の特別少年院に入っている留守中に起きたことであった。が、事態はそれで収まらなかった。事件による服役を終え、シャバに戻ってきた与根川兄弟の行状は少しも改まることがなかったのだ。清水港の人夫出しのシノギで金まわりもよく、静岡の夜の街で派手に飲みまわっては、

「大頭龍など、たいしたことない。このオレが落合の一番（実子）も二番（実子）も刺してやったんだ！」

と豪語する始末で、それが大頭龍のほうにも聞こえてくるようになって、一家としても放っておくわけにはいかなくなった。

1年7カ月の小田原特別少年院の暮らしを終えて、勇治が静岡に帰ってきたのは、そんな矢先であった。

落合賢治の若い衆となり、部屋住み修行に励んだ勇治は、居並ぶ先輩、兄貴分たちに伍してまたたく間に頭角を現し、売り出していく。

一家のためにジギリを賭けた結果であった。ジギリを賭けるとは、親分や一家のために躰を張って貢献し懲役刑をつとめることを意味したが、勇治の場合、17歳の身で

事件を起こし、特少入りしたことを指すわけである。

特少を終えて間もなくして、勇治は19歳の若さで一家の幹部に抜擢されたのだ。20代や30代、いや、40代の先輩連中をも一挙に何十人も抜きさっての昇格、最年少幹部の誕生であった。

幹部になった途端、ひとまわりも上の先輩たちが、街で会っても彼らから先に挨拶してくるので、勇治は戸惑うばかりであったが、と同時に、

〈そうか、ヤクザはジギリを賭けてこそ一人前と認められるんだな〉

と実感せずにはいられなかった。

そんな勇治であったから、シャバに戻って早々、与根川兄弟の傍若無人な振る舞いを知ったときには、怒り心頭に発した。

恵比寿講の庭場を荒らしただけでなく、親分に対してあわやという傷を負わせ、破門処分を受けながら、おとなしくしているどころか、なお増長してうちの一家の悪口を言い、勝手なことを吹聴しているというではないか。座視できることではなかった。

「許せん！　大頭龍の誇りにかけても、このまま黙って見逃すわけにはいかんな。親分の仇はオレが必ずとってやる。おのれ、与根川、いまに見てろよ！」

勇治は決断した。与根川兄弟の顔は知らなかったが、静岡ほどの街で探せないはず

はなかった。蛇の道は蛇――で、不良の出入りする店となればだいたい決まっていたから、そのうちに嫌でも見つけることができるだろうと踏んだのだ。

それがこうして探し始めていくらもしないうちに、しかも初めて入った店で、当の兄弟2人にバッタリ出会えたのだから、ラッキーというしかなかった。

与根川のほうも、バー「ポプラ」で落合と出くわし、「大頭龍落合の者だ」と聞いただけで、すぐにピンと来て、

「平岡だな」

と察したほどであったから、まだ10代の少年の身で、それほど平岡――後の落合勇治の名は早くから売れていたことになる。

「与根川、勝負だ！　表へ出ろ！」

そう言い放つと、勇治は連れの3人の配下とともに店を出た。が、待つことしばし、与根川兄弟はなかなか店から出てこなかった。

「ヤロー、舐めやがって！」

勇治は腰に差していた匕首（あいくち）を抜くと、

「よし、行くぞ！」

配下に声をかけ、真っ先に店に飛びこんでいく。

同様に匕首を取り出した1人が、そのあとに続いた。

勇治と舎弟の少年は、匕首を手に、店内にいた与根川兄弟、並びにその従兄弟に対し、次々と躍りかかった。

この事件は、翌10日付地元紙朝刊で、《一人死に二人大ケガ》《バーで口論の末 刺した二少年捕える》との見出しで、社会面に大きく報じられた――。

《九日午後十一時四十分ごろ、静岡市人宿町のバー『ポプラ』の入り口付近で、同店の客同士七人が口論のもつれから一人が腹を刺されて死亡、二人が大ケガをした。届け出を受けた静岡中央署では犯行後まもなく静岡市中田の少年A（一九）と島田市の少年B（一八）を傷害致死と傷害の現行犯で捕え取り調べている。

刺されたのは静岡市、会社員与根川貫太さん（二四）、兄の清水市、同与根川剛太（一七）、いとこの静岡市、同与根川太郎さん（一八）で刺したのは四人組のうち少年A、Bの二人。与根川さんと少年たちはささいなことから口論となり、少年四人らが「ケンカをするなら表へ出ろ」といって先に外に出たため剛太さんら三人が表に出ようとしたところいきなり少年AとBが持っていた刃渡り十センチぐらいのナイフで三人に切りつけた》

与根川兄が腹を刺されて死亡し、他の2人が重傷を負ったのだった。

これが勇治にとって、懲役15年という最初の長期刑を受ける事件となったのである。

勇治は4カ月後に20歳を迎えようとしていた。

6

そのとき、僕は20歳だった。それが人生で最も美しい季節だなどとは誰にも言わせない――と、青春の苦悩を謳ったどこかの著名な作家がいたけれど、勇治が迎えた20歳もまた、決して人生で最も美しい季節とは言えなかったかも知れない。

溢れるばかりの若さとエネルギー、漲る体力を持て余し、シャバにいれば誰にも負けない自信があるのに、すべてを鉄格子のなかに封じ込められて、これから先、送らなければならない15年もの幽閉生活。

そんな境遇下、いったいどうやって生きていったらいいのか？　何を目的にして生きていこう？　オレに何ができるんだろう？――と、若い勇治は考えを巡らし、ひとしきり悩んだ。

そこでまず己に課したのは次の二点で、一つは徹底して本を読み、それによって人間的な成長を図ること、そしてもう一つが、精神を鍛えること――であった。

勇治は子どものころから「頭の良い子」と周囲に言われて育ち、中学校に上がると3年間、学校での授業の他に、毎週月・水・金曜日に家庭教師がつき、木・土曜日にはいまで言う塾通い——近くの高校教師の家に通っていたほどで、知力にはそれなりの自信もあった。いつしか親の期待を裏切って喧嘩に明け暮れて中学の総番長となり、大学はおろか高校進学さえ果たさなかったとはいえ、それでも自分では頭が良いほうだろうとのうぬぼれがあったのだ。

ところが、刑務所で読書することを覚え、いろんな本を読むうちに、勇治は自分の無知さ加減に愕然としてしまう。

〈オレはまったく何も知らない大バカだったんだなぁ!〉

と思い知らされ、我ながら衝撃を受けたのだった。

それからはより一層身を入れて読書に打ちこむようになった。当初は書道やペン習字を習うことも考えていたのだが、自分の愚かさに気づいてからは一にも二にも読書に目標を変えた。刑務所で許された時間を目一杯使って本を読み、それでもまだ時間が足りず、反則とわかっていても就寝後や起床前に隠れて読書に励んだ。

読書は机に向かって座ってするのが原則で、早く布団に潜り込みたい厳寒の真冬でも、勇治は就寝時間の9時ギリギリまで、机で姿勢よく本を読むのがつねだった。

それがひょんなことから、大阪刑務所で、

「背筋がピシッとしていて、平岡は全館で一番姿勢がいいな」

と褒められるという妙な成りゆきに、勇治も苦笑を禁じ得なかった。

もう一つ、勇治が自分に課した精神を鍛えるほうは、小田原特別少年院時代にやったように、座禅を組むことから始めたのだが、いまひとつ内実が伴わず、道遠く、真似だけに終わった。

それならば――と、自分でできる運動の極限を己に課し、それを克服することで怠け心に勝ち、精神を鍛えようと、勇治は毎日、拳立て伏せ、スクワット、腹筋に取り組んだ。勇治が立てた目標は、拳立て伏せ1000回、スクワット3000回、腹筋500回を連続して行なう――というもので、それは過酷であった。

自分で決めた期限内での目標達成に向けて、勇治は一心不乱にやり続け（それは余計なことを一切考えないためにも効果的だったが）、ついにはやりとげたのだった。

勇治が〝ポプラ事件〟で最初の長期刑となる懲役15年の刑を受けて服役した先は、千葉刑務所であった。

さらにそこから府中刑務所、大阪刑務所、と移監されたのは、反則行為による懲罰の末の不良押送で、勇治の懲罰となれば、大概は喧嘩、暴力沙汰と決まっていた。

三島事件のとき、懲罰房にいたのも、刑務官との衝突が原因であった。

勇治が昼夜独居で房内作業をしていたときのことだった。見回りの足音が聞こえ、それが勇治の房の前でピタッと止まるので、

〈おやっ、知っている担当さんかな？〉

と観察孔にチラと目を遣ったところ、

「こらあ、何を見てるんだ！　作業をやらんかい！」

との怒声。勇治もすぐに理解した。

〈ハハーン、そういうヤツか……〉

刑務官という小さな権力を振りかざして、受刑者いじめをする典型的なタイプだった。

そこで何か言ったら「担当抗弁」ということで懲罰になるのだ。それを笠に着ての嫌がらせとわかっていたので、勇治も、

〈情けない可哀想な小僧だな〉

と腹の中で相手を蔑(さげす)んで我慢するのだが、若いだけにそうした感情がおのずと顔に出てしまっていた。すると、相手もそれを察知するから、その後も同じように、

「こらあ、何を見てるんだ！」

と挑発し、勇治も目つきと顔で無言の反抗と相なるのだ。

そういうことが重なって、運動時間にたまたまその男が、勇治たちに付いたことで、2人は睨みあいとなった。勇治はそこで決心した。運動を一緒にしていた受刑者仲間に、

「あのヤローをいまからとっちめるから、皆によろしく言っておいて」

と伝えると、仲間は心配し、

「やめな、やめなよ！」

と止めたが、勇治は、

「いや、もう我慢できん！」

と、まっしぐらに件の刑務官に突進、その小さな権力者を完膚なきまでに叩きのめしたのだった。

それに対する官（刑務所）側の報復も凄まじかった。勇治は革手錠をはめられ、しかも両後ろ手錠となれば、もがけばもがくほど手首に食いこんで、その苦痛たるや半端ではなく、いっそ両手首を斬り落としたくなるほどの地獄の苦しみだった。

受刑者を反省させるにこれほど効果的な方法もなく、一度でも革手錠を味わった者には二度と御免と思わせる代物であった。

だが、勇治は懲りなかった。喧嘩すれば、その地獄の革手錠が待っているとわかっていても、止むに止まれず、手が出てしまうのだ。自分のためというより、人のために暴力沙汰になることが多く、27歳までの間で何度革手錠の洗礼を浴びたか、わからない。

28歳以降はどうにか止まって落ち着き、無事故、無違反の模範囚となったのだが、最後の喧嘩は27歳のとき。勇治が仲良くしていた被差別部落出身のFという男を、差別用語で罵り、バカにした相手を殴り倒してのものだった。

その日夕方、仕事を終え、勇治たちが帰房する前、全員が食堂で待機中のことだ。皆がガヤガヤと雑談しているなか、同じ机に座るFの様子がおかしいのに気づいた勇治が、

「どうした、F?」

と声をかけても、いつもは明るい男が、顔を真っ赤にしてゆがめ、黙って下を向いたままなのだ。

側にいる者に訊くと、

「Yに、ひどいことを言われたんですよ」

と言う。それは被差別部落出身者に対する差別語だった。

激怒した勇治は、近くにいたYを見遣って、

「おまえは何を言ったんだ!?」

と怒鳴りつけた。Yは見るからに悪人面をした30代のヤクザであったが、

「何ィッ！　やるのか!?」

と目を剝き、さらに兇悪な顔になって勇治を睨みつけてきた。

「フフン」勇治は鼻で嗤って、

「おまえにできるのか」

と問うと、Yは精一杯虚勢を張って、

「おおっ！」

と応えたから、

「よし、わかった」勇治は頷き、その場はグッと堪え、そのまま収めた。2人の担当がすぐ側にいて、まわりには大勢の受刑者がいる状況で、即止められてしまうのはわかりきっていたからだ。

勇治はFたちに小声で、

「明日、朝一番でやってやるから」

と宣言すると、何ごともなく舎房へと帰った。同じことを同房者にも告げた。

勇治が事を起こしたのは、翌朝、工場で朝礼が終わり、各自、自分の持ち場に散って、作業の開始となった直後のことだった。

勇治はまっすぐYのところへ行くや、昨夜のけじめをつけたのだ。それはアッという間の出来事で、Yは、仲間をバカにされた勇治の怒りがどれほどのものであったか、骨身に沁みて思い知ることになった。そして相手のケタ外れの喧嘩の強さも。

知ったときには遅く、

「……オ、オレが、わ、悪かった」

と詫びても、あとの祭りだったのだが。

どこへ行っても、不思議に勇治のまわりには人が集まった。大阪刑務所時代も、地元の著名な年配の親分が、

「平岡さんは相談所の所長みたいだね」

と、つくづく感心したように言ったことがあった。

休憩時間などになると、いろんな人間が勇治のもとへ来て相談ごとを持ちこんだり、話をしたがるのだ。それを親身になって聴いてやり、できうる限りのことをしてやろうとするのが、落合勇治という男だった。つねに自分のことより人のことなのだ。

勇治が大阪刑務所で配属されたのは、およそ100人の受刑者が働く工場であった。

そこの運動好きな若者たちは、休み時間となれば勇治のもとに集まって、よく一緒に走ったり、ウサギ跳びをしたもので、誰もが元気が良かった。

そんな楽しい思い出は少なかったものの、試練と苦難を積み重ねた末に、勇治が最初の長期刑を終えて大阪刑務所を出所したのは、昭和56年1月のことだった。入所したとき20歳だった若者も、早33歳、誕生日が来る5カ月後には、34歳になろうとしていた。

7

勇治が長期にわたって刑に服している間、日本社会の変貌も目まぐるしかった。右肩上がりを続けてきた経済は、高度成長をまっしぐらに昇りつめて、日本はGNP世界第2位の経済大国となった。出所した当初の勇治は、浦島太郎になったような感覚で、乗った車のカーステレオから街行く若者のファッションやら何から、見るもの聞くものがすべて珍しかった。

時代も大きく変わったが、それと軌を一にするようにヤクザ社会も激動の時代に入り、勇治の所属する大頭龍一家も大きな転換期を迎えようとしていた。

勇治が出所する2年前の昭和54年1月19日、大頭龍吉本二代目の落合漲治が71歳で病死し、翌55年4月に落合賢治が大頭龍吉本三代目を継承した。

さらに同年9月、大頭龍一家は三代目山口組小西一家（小西音松総長・神戸）の傘下組織となり、大頭龍吉本三代目（山口組入り後は大頭龍落合三代目）の落合賢治を始め、同幹部12人は小西音松総長の盃を受けて舎弟、若中となり、大頭龍落合一家、漆畑組、加頭組、山田組、村上組、中沢組など、静岡に小西一家直参12団体（舎弟6人、若中6人）が誕生した。その12団体で小西一家東海連合を結成、同連合総支部長には落合賢治が就いた。

だが、山口組でも名門中の名門である小西一家の直参に取りたてられたことで、なかにはにわかに権力志向と野心に目ざめ、出身母体の大頭龍の当代である落合賢治を蔑ろにする者も出てきて、次第に東海連合内部の主導権争いが顕著になっていく。

勇治が最初の長期刑から帰ってきたのは、そんな時期であった。

事件が起きたのは、勇治が社会復帰してちょうど丸2年が経とうとしていた昭和58年1月10日未明のことだった。

2年前の1月、大阪刑務所を出所した勇治はその年の7月、親分・落合賢治の長女さとみと結婚、婿養子に入って名実ともに大頭龍落合一家の跡目になっていた。

事件前夜の9日夜、勇治は横須賀から静岡に戻ったばかりだった。正月明けの閑暇な時期を利用して、横須賀のホテルに3日間泊まり、彫師に刺青を仕上げてもらっていたのだ。

9日夜、いったん自宅に帰ったあとで、妻とともに静岡市北安東の親分宅に挨拶に出向いた勇治は、家の中の只ごとならぬ様子に驚いた。仏頂面の落合賢治がいて、叔父の定夫を始め、憤懣やるかたないといった一家の幹部たちが詰めていて、何やらひと悶着起きているようなのだ。

「親父、いったいどうしたんです？」

勇治の問いに、

「どうしたもこうしたもないですよ、若頭」

渋い顔を崩さない親分の落合賢治に代わって、大頭龍落合一家若頭の勇治に応えたのは、幹部の一人だった。勇治は出所すると同時に同若頭の要職に就いていた。

「夕方、漆畑組の者から、ここに電話があったんですが、『これからは落合からも東海連合本部に当番を出してくれ』って、言ってきましてね。それが姐さんに対して、ぞんざいな口の利きようで……なってないんですよ。ヤツら、本家をなんと思っているのやら。筋もへったくれもありゃしない。まあ、ふざけた話ですよ」

幹部が怒りをぶちまけた。この幹部が言う元大頭龍一家幹部の漆畑組の漆畑幸治組長も、小西音松総長の舎弟の盃を受け小西一家直系組長となった一人だった。前年春には東海連合二代目の総支部長に就いた実力者で、同連合本部も市内宮ヶ崎町の漆畑組事務所に置いていた。

別の落合一家幹部も、勇治に対して、こう続けた。

「本家に物申すのであれば、漆畑本人が、『三代目、実はこれこれこういうふうに決まったのでよろしくお願い致します』と直接言ってくるのが筋というもんです。それを口の利きかたも知らない若い衆に電話させるとは！　本家を舐めきってますよ」

黙って話を聞いていた勇治にも、間もなく事の重大さが呑みこめてきた。口の利きかた云々とか当番がどうのこうのというのは、あくまで些末な現象に過ぎず、事の本質はより深刻であった。

小西一家を背景にして静岡で伸しあがろうという幹部がいて、またそれを後押しする神戸のほうの人間がいて、元本家筋の大頭龍落合三代目を蔑ろにしているという現実があった。そうした東海連合内のもろもろの葛藤や覇権争いが、ここに来て一挙に噴出しようとしているのだった。

15年もの長期刑からシャバに帰ってきて、まだわずか2年――。

それなのに落合勇治は早くも、赤き着物か白き着物か――という正念場に立たされている己を発見していた。良くて再びの長期刑、運が悪ければ「死」しかない局面。

そのけじめを自らつけなければならないのは、大頭龍三代目落合一家の若頭をつとめる身である以上、当たり前のことだった。それはどの若い衆にもできることではなく、また他の誰にもやらせる気はなかった。

〈他の誰の役目でもない。オレの仕事だ〉

という強い使命感。ヤクザ渡世を選んだ以上、そこから逃れる気はなかった。

東海連合が発足して2年半。大頭龍本家筋の落合一家と反落合ともいうべき勢力との主導権争いは、ここへ来ていよいよ抜きさしならないものとなったのだ。

勇治が横須賀へ刺青を彫りに行っている間に起きた当番云々の一件は、あくまで引き金に過ぎなかった。

「それで向こうはなんだって言ってるんです?」

勇治が尋ねると、

「うん、向こうの幹部がさっきここへ来て、詫びることは詫びたんだが、少しも実はねえな。そのうえで、今夜、宮ヶ崎の東海連合本部で、みんなで一回、話しあいを持とうということになってな……」

叔父の定夫が答えた。定夫は大頭龍先代落合漲治の次男で、三代目落合賢治の実弟であった。

三代目宅には主の賢治を始め、定夫や主だった幹部が集まっていたが、皆が酒も入っているせいか、

「話しあいって、要は掛けあいだ。ここらでケリをつけるしかないだろ。考え違いしてる連中なんだから、はっきり白黒つけるしかないだろ」

「やろう。神戸に取り入っておだてられ、のぼせあがってるヤツらに、筋ってもんをきっちり教えてやらんとな……」

と各自が威勢のいい言葉を放った。いきりたつ定夫らに対し、勇治が、

「けど、叔父さん、話しあいとなれば、最初からそんな喧嘩腰ではヤバいんじゃないですか」

と抑えにかかっても、

「なあに、いつかはハッキリさせなきゃならんと思ってた。安目売るわけにはいかんもんでな」

勇ましい台詞はやまなかったが、そんなことを言っている連中の誰一人、よもや数

時間後、死者まで出す凄まじいばかりの銃撃戦が展開されようなどとは、つゆ想像さえしていなかったに違いない。

ただ一人、そうした事態もあり得ると想定し肚を括っていたのは、勇治だけであった。

すると、それまで黙っていた賢治が、

「勇治の言う通りだ。おまえら、話しあいだってことを忘れるな」

とおもむろに口を開き、釘をさしたが、そういう賢治自身、そんな惨事の発生など、夢想だにできないことだった。

その夜、勇治は車で、話しあいの場である東海連合本部事務所へと向かった。連れは運転役の勝治と江原という若者の2人だった。

同事務所は浅間神社近く、静岡市宮ヶ崎のマンション5階にあった。そこは東海連合二代目総支部長である漆畑幸治組長率いる漆畑組の事務所にもなっていた。

話しあいといっても、落合一家と漆畑組を中心とする勢力との対立は悪化の一途をたどっており、勇治の目から見ても、軌道修正はかなり困難かと思われた。

ここまで事態がもつれた根本的な原因は、向こうサイドの加頭組加頭嵐次組長の分を弁(わきま)えない野心と慢心とにある——と、勇治は認識しており、それは大頭龍落合一家側の共通した見方でもあった。

なにしろ、静岡のテキヤ一家幹部が天下の山口組の重鎮・小西音松の直参に引き立てられ、名門小西一家の若頭補佐に抜擢されたとなれば、舞いあがるのも無理なかった。

そんな加頭を取り込んで東海連合を意のままにしようと画策していた小西一家本家幹部の存在もあり、東海連合はギクシャクしだしたのだった。

〈あヤツの策謀で東海連合の結束がおかしくなったのだ。あヤツこそ一番のワル。いよいよとなったら、オレがその元凶を断つしかないだろな〉

と勇治は決断していた。

果たして今夜の話しあいで、内部のゴタゴタはきれいに収まるのか。が、先ほどまでの落合定夫や幹部の様子を見ても、うまく話がつくとは思えず、波乱含みとなるのは必至であった。

出席者は落合一家側からは勇治を始め、定夫や幹部が7、8人、相手側からはその倍近い人数が出る予定で、一様に酒も入り、皆が昂揚(こうよう)している感があり、どこまで冷静な話しあいができるのかどうか、勇治にはなんとも心許なかった。どうにも嫌な予感がしてならなかった。

念のため、筒の長いマグナム38口径拳銃を懐に忍ばせ、同行の若者2人にも護身用の22口径拳銃を用意させた。もとより自分から先に撃つなどということはあり得なかったが、突発的なことを含めて、何が起きるかわからない事態に備えてのものだった。おそらく向こうは、用意周到に拳銃を持参してくる者は何人もいるだろう。それに比べて、こちらの落合一家の陣営は、口ではいくら勇ましいことを言っていても、即座に拳銃を用意できる者がいるとは思えなかった。

8

勇治は、収拾がつかなくなって起こりうる最悪の事態をも覚悟した。敵の拳銃が一斉に火を噴き、集中砲火を浴び、血ダルマとなって斃れ伏す己の姿。一人、目を閉じ、一路、東海連合本部へ向かう車に揺られていると、そんなシーンが浮かんでくる。

仮に命を失わずにどうにか生還できたとしても、また再びの長期刑が待っているだろう。

それにしても、シャバに戻ってたった2年。またぞろこんな局面に立たされているのだから、つくづく因果な渡世であった。

〈オレが死にに行くことなんか知らずに、さとみと娘は何をしているだろ？……そうか、こんな時間だ。娘は眠りに就き、さとみは添い寝してるに決まってるか……〉

勇治は新婚ほやほやの妻と生まれたばかりの娘に、思いを馳せた。

勇治が親分・落合賢治の長女であるさとみと華燭の典を挙げたのは、一昨年7月。15年の刑を終えて出所した半年後のことだった。

夫よりちょうどひとまわり下の新妻は、このとき22歳、アメリカの学校を出て帰国したばかりであった。

勇治は静岡に帰って、およそ15年ぶりに再会した親分の娘の変貌に目を瞠った。勇治にすれば、三代目のもとで部屋住みをしていた時分、よく遊んであげた、いまだちっちゃい女の子という記憶しかなかったからだ。

勇治が落合賢治の部屋住みになったのは、昭和39年、17歳のときで、親分の長女さとみは5歳になったばかり、次女の宏美が2歳、三女の成美は同年10月に生まれた。

勇治は無類の子ども好きで、父親の経営するアパートの子どもたちがこぞって中学生の勇治のところに遊びにきていたほど。さとみと宏美もたちまち部屋住みの若衆に懐きだした。

勇治も親分の娘2人をよく可愛いがった。1人だけ抱っこしていると、もう1人がヤキモチを焼き、勇治の取りあいになるので、勇治はいつも両腕で2人を等分に抱っこした。

さとみが言うことを聞かないとき、勇治はわざと宏美だけ抱いて外へ出ようとした。すると、さとみは玄関で両手を広げて通せんぼ。勇治を睨む目に、見る間に涙が溜まってくる。そこで勇治が、

「ちゃんと言うことを聞く？」

とやさしく聞き、さとみがコックリと頷くのを見て、初めて抱っこしてやるのだ。

落合賢治は長女に厳しく、喧嘩して泣かされて帰ってくると、

「やり返してこい！　泣いて帰ってくるな！」

と娘を叱った。これには勇治も内心で、

〈親父もムチャだ！　男の子ならともかく女の子なんだから〉

と、さとみを可哀想に思い、あとから普段よりやさしくしてあげるのだった。

勇治は親分の姐さんからときどき、

「平岡さん、あそこの店のサンドイッチ買って、さとみに届けて」

と頼まれ、街中の決まった店のサンドイッチを買って幼稚園に届けることがあった。

17歳の勇治は自転車に乗って幼稚園を訪れ、教室の窓から、

「さとみちゃん、サンドイッチ」

と差し出すと、さとみは駆けてきて、「ありがとう」とうれしそうに礼を言うのだった。

後年、一緒になってから、勇治はよくこのことを妻に、

「オレはおまえのおかげで寒いなか自転車を飛ばしてサンドイッチを買いに行って届けたよなぁ。あの店のサンドイッチでないとイヤなんて贅沢言いやがるから」

と言って、からかいのタネにしたものだ。

勇治が初の長期刑となる事件を起こし服役したとき8歳だったその娘が、再会したときは22歳になっていたのである。勇治にすれば、

〈ああ、あのときの可愛いお嬢ちゃんが、もうこんな立派な娘さんになって……〉

との感慨こそあれ、それ以上のものはなく、親分の娘ということもあって、まるで恋愛対象とは見てなかった。

勇治は、親分宅で家族と一緒に食事をしたときなど、酒を飲みながら、

「さとみちゃんを嫁さんにもらおうかな」

などと口にすることもあったが、それはあくまでリップサービスのつもりだった。

事実、賢治や姐は笑って喜び、さとみ本人も不快になるどころか、うれしそうに笑みを見せた。

さとみはすぐまたアメリカへ戻る予定になっていたので、ある夜、勇治は、

「アメリカに行く前に、さとみちゃん、一度食事でもどうかな？」

と誘ったことがあった。これまた酒の酔いから出た台詞で、そのうちに言った当人はすっかり忘れてしまっていた。

そんなとき、さとみの母親である姐から電話が掛かってきて、

「さとみが、平岡さんはいつ食事に連れていってくれるのかなと言ってるけど、いつ？　アメリカ行きが迫ってるからね」

と言うので、勇治もいまさら、冗談でしたとは言えなくなった。それ以上に、真面目に受けとめてくれたさとみの心根がうれしかった。こうして勇治の気持ちは一挙にさとみに傾斜していくのだった。

一方のさとみも、勇治に対しては、「子ども好きのやさしいお兄さん」という小さいころのほのかなイメージしかなかったが、十数年ぶりに再会して話しているうちに、いまだかつて会ったこともないような男性のタイプに、心底驚かされた。

男っぽくてまっすぐで一途で、狡(ずる)さのかけらも持ちあわせていない性分。これ以上

ないような男らしさとやさしさが同居している不思議さ。世にこれほど頼りがいのある男もいなかった。いつかさとみは、

〈どんなことがあっても、この人だけは私を助けてくれる。生涯、私を守ってくれるだろう〉

と、はっきり意識するようになっていた。つまりは恋に落ちたのだ。

勇治は死地に赴こうとしているのに、誰より愛しい妻と子に別れも告げずに出てきたことを思い出していた。

〈こんな渡世の男の妻となり、娘になったばかりに……済まんなあ〉

胸の内で手を合わせた。考えてみたら、結婚式を挙げてからまだわずか1年半しか経っていなかった。

〈それにしても盛大な結婚式だったなあ。親父も喜んでくれてた。披露宴にはあんなに大勢の人が来てくれ祝福してもらえるんだから、オレたちも幸せ者だよ……そうだ、後藤の叔父貴や美尾組長も来てくれて、慣れないスピーチをしてくれたっけ……あれはありがたかったなあ……〉

自然に勇治の口元が緩んでくる。

「後藤の叔父貴」というのは、当時の三代目山口組伊堂組舎弟の後藤組組長後藤忠政で、勇治の親分・落合賢治とは兄弟分にあたり、富士宮に拠点を置いていた。「美尾組長」が当時の三代目山口組黒沢組舎弟頭補佐の美尾組組長美尾尚利で、清水に本部があった。

ともに後に山口組直参となる人物だが、2人ともバリバリの時分で、同じ静岡勢のなかでも、とりわけ勇治の若い時分からの変わらぬ良き理解者であった。

〈士は己を知る者の為に死す——というけれど、オレはいままさに、オレを誰より知ってくれている親分のために死のうとしているのだ〉

改めて思いを嚙みしめ、勇治は、自分の選んだ道に何ら悔いはない——と言いきれるのだった。

「任俠は武士道なりと一筋に　誠つらぬき花と散るなり」

と辞世を詠んだのも、こんな日があることをつねに覚悟していたからではなかったか。武士道に通じる任俠の道。この世界に足を踏み入れたときから、死はいつも生の隣りにあったはずだ。

そして、そんなサムライの生きざま、死にざまを教えてくれた三島由紀夫……。

〈そうだ！　三島先生が森田烈士とともに死地に赴くとき……〉

そのとき、フッと勇治の頭に浮かんできたのは、何かの本で読んだ三島由紀夫の挿話だった。

三島の最期の日の朝、楯の会隊員4人とともに死に場所となる市ヶ谷の陸上自衛隊へ向かうとき、

「これがヤクザ映画なら、唐獅子牡丹の歌が流れるところだな」

とジョーク混じりに言い、車の中で高倉健の唐獅子牡丹を唄い出したというエピソード。

〽義理と人情を秤にかけりゃ……

勇治もそれを真似て、唐獅子牡丹の歌を口ずさみだした。

「義理が重たい男の世界……」

車の窓から見える静岡の街の灯りも、勇治の目に、今夜はとりわけ美しかった。これが見納めとの思いで見るせいに違いなかった。

9

「バーン！」

シビれを切らしたように1発の銃声が、男たちのひしめく部屋に響きわたったのは、深夜1時を少し過ぎたころだった。

それまで曲がりなりにも話しあいの体をなしていたのが、にわかにその均衡が崩れだし、罵声があがり、険悪な雰囲気になった途端であった。

直後、四方八方から数十発もの銃声が飛び交って、「パーン！　パーン！　パーン！」と銃声が部屋中にこだまし、前方が見えなくなるほど、濛々たる硝煙が立ちこめた。

部屋にいたのは、敵と味方に分かれた20数人の男たち。そのうち拳銃を手にしたのは、落合一家側が勇治を始め3人、相手側は8人、都合11丁の拳銃が用意されていたことになるが、粗悪な改造銃が多く、実際に何丁の拳銃が使われたのか、定かではなかった。

ともあれ、東海連合本部は硝煙弾雨という有様で凄まじい銃撃戦となり、その結果、1人が死亡、4人が重傷を負う惨事となった。

銃撃戦が始まるや、勇治はソファーの上に立ちあがって敵と応戦、マグナム6連発を撃ち尽くした。

現場は上を下への大騒ぎとなり混乱を極めたが、時間にすれば撃ちあいはアッという間の出来事だった。

肚を据えた勇治は、「撃てるもんなら撃ってみろ」とばかりにソファーの上に立ち、敵の銃口の前にわが身をさらして的になったも同然だったが、不思議に銃弾は勇治の躰を避けて通った。右脇腹に入った、ただ1発を除いて。

後に判明したことだが、勇治が背にした後ろの壁には、20数発の銃弾がめりこんでいたという。

落合一家幹部の片島吉夫が現場マンションに着いたときにはすでに遅く、銃声が轟き、事が起きたあとであった。

マンション裏の階段から真っ先に降りてきたのは、片島も知る敵側の男だった。彼こそ1発目の拳銃を撃った火つけ役であったが、片島を見るなり、

「大変なことになった」

と言い残し、姿を消した。

続いて階段を降りてきたのも、落合一家にすれば敵側陣営の人間で、漆畑組の本部長をつとめる田中享次という男だった。

「おい、田中!」

片島が呼びかけると、

「おっ、片島か……」

と応じたが、田中は興奮冷めやらぬ様子だった。

「どうした!?」

「オレはな、この目で見てしまったんだよ。凄い！　凄すぎるよ、あんたんとこの若頭(かしら)は！　あの人を敵にまわしたオレたちがバカだったんだ。オレは漆畑の親父についてきただけだが、今日、つくづく思い知らされたよ。筋を曲げちゃいけねえ、ってな。あの若頭の性根のすわりかたは只(ただ)ごとじゃねえよ！」

「何があったんだ!?」

「……」一気にまくしたてたのに、現場のことを訊(き)かれると、田中は嘘のように言葉が出てこなかった。それはあまりに衝撃的であったからだ。

田中の脳裡には、さっき見た光景がまるで映画のフィルムのようにくっきりと刻まれていた。

銃弾が乱れ飛び、硝煙が濛々と立ちこめたマンションの大部屋。田中が銃弾の切れた拳銃を手にソファーの陰に隠れ、様子を窺っていると、こっちに向かってゆっくりと近づいてくる男の姿が見えた。

マグナム銃を持った落合勇治だった。

田中が生きた心地もなく見ていると、勇治は田中には目もくれず、田中の隣りで同じように蹲(うずくま)っている男のもとに歩み寄ってきた。

「おい！　加頭！　おまえのせいでこうなった。覚悟しやがれ！」

男は加頭組組長加頭嵐次だった。勇治が、今度の一連の乱のもとを作った、つまり絵を描いた首謀者──と見なす男だった。

勇治は加頭に向かって吼え、そのこめかみにマグナムを突きつけた。満腔の怒りをこめて引き金を引く。

「カチッ！」

という撃鉄の鳴る音。続けて引き金を引いても、「カチッ！」「カチッ！」という不発の撃鉄の音が、田中の耳にもハッキリ聞こえてきた。

勇治のマグナム銃は銃弾をすべて撃ち尽くし、もう1発も残っていなかったのだ。

「ちっ！」勇治は舌打ちし、

「どこまでも悪運の強いヤローだ……」

観念し打ちひしがれている加頭に向けて、静かに言い放った。

勇治は踵を返し、何事もなかったかのように、その場を悠然と立ち去っていく。若衆2人があわててそのあとを追った。

一部始終を目撃した田中は、その背を唖然として見送るしかなかった。

〈所詮、役者が違う！〉

打ちのめされたような気分だった。田中は自分がそこからどうやって外に出たのか、あとのことはほとんど憶えていなかった。

気がついたらマンション裏の階段を夢中で降りていて、外に出たところで自分を呼ぶ声が聞こえ、それが片島であったのだ。

10

もともと田中享次にとって、落合勇治は大里中学校の先輩であり、かねて憧れの存在であった。田中が入学した年に落合は中学を卒業、2人は入れ違いになったが、不良たちの間で、落合の名は静岡中の中学校の総番長として輝ける伝説であり、知らぬ者とてなかった。

田中も中学卒業後、縁あって大頭龍一家幹部の漆畑組組長漆畑幸治の若い衆となり、同じ一門に連なったのだが、本来なら中学のときから憧れていた落合の若衆になるのが夢だった。

だが、落合は特別少年院から帰ってきたかと思いきや、すぐまた事件を起こして15年の長期刑を打たれ、シャバに落ち着く暇もなかった。田中はとうとう落合と触れあう機会さえなかったのだ。

落合の長期服役中に、大頭龍一家は山口組小西一家傘下となり、落合賢治始め12人の小西一家直参（舎弟6人、若中6人）が誕生、彼らは小西一家東海連合を結成した。田中の親分の漆畑は小西音松総長の舎弟となり、田中は漆畑組の本部長に就任した。

だが、新しく船出した東海連合は一枚岩とは言い難く、主導権争いが顕著になってきた。そんなとき（昭和56年1月末）に落合勇治が出所してきたのだった。

田中は親分の漆畑に、少年時代以来の自分の思いを打ち明け、仲介を願い出た。

漆畑はそれを聞きいれ、出所してきた落合に、

「うちの若衆に田中享次というのがいるんだけど、こいつが平岡（落合姓になるのはこの年7月）の大ファンで出てきたらぜひ紹介してくださいと待ちかねていたので、一度メシでも食ってやってくれよ」

と伝えたところ、落合も快く応じ、田中の念願が叶ったのだった。

さっそく一緒に飲みに行くことになって、田中が落合宅まで迎えにきた。連れだっ

て出かける途中、田中がふと落合のワニ革のベルトに目を止め、

「先輩、そのベルトはやめたほうがいいですよ。いまどき、そんなのしてる人はいませんよ」

と、ズバっと言う。

「ほう、そんなもんかい」

シャバ事情に疎い落合は素直に助言を聞きいれ、買ったばかりのベルトではあったが、自宅に戻って別の物に替えることにした。

〈こいつ、面白い男だなあ！……〉

力のある者や上の者に対して、とかくおべっかを使うような若衆が多いなか、上の者に媚びることのない、田中の率直な物言いが、落合は気に入った。

田中は誰であれ、遠慮なく物を言うタイプで、自己主張も強かった。が、嫌味はなく、人が好すぎる性格であることも、落合はつきあっていくうちに段々わかってきた。
なおさら可愛いがるようになったのだ。

それだけに渡世の宿命とはいえ、心ならずも敵味方に分かれ、宮ヶ崎事件が起きてしまったのは、落合にとっても残念でならなかった。

だが、事件現場で、田中は落合のシビれるような所作を目の前で目撃して、さらに

落合に心酔してしまう。

田中もこの宮ヶ崎事件で、殺人未遂による懲役7年の刑を受け服役するのだが、出所後いろんなところから「うちの組（一家）に来ないか」と誘いの手が伸びてくる。

それをすべて断り続けたのは、

「今度こそ落合勇治の若衆にしてもらう」

とハッキリ決めていたからだった。

こうして田中は、落合の出所を待ち続けた。

平成9年、落合が12年ぶりに社会復帰することで、田中もようやく念願を叶えた。

同じ年、落合は大頭龍落合一家四代目を継承、田中をその若頭に抜擢した。

平成17年、落合が小西一家二代目を継承し、山口組直参に昇格すると、田中は二代目小西一家若頭補佐に就任している。

田中享次は宮ヶ崎事件で落合と撃ちあいをしたこともあって、一緒に酒を飲んだときなど、それが落合から、からかわれる格好の材料となった。

「おまえはオレを撃った男だからな（笑）」

「自分は撃っていません」

「ウソ言うな。おまえは全弾撃ち尽くして、カチカチ鳴っていたじゃないか。オレの躰に弾入れたのもおまえだな」

と言って笑う落合。

「自分じゃないですよぉ～」

と否定したうえで、田中は、

「カチカチ鳴っていたのは親分ですよ、いまでも音が耳に残ってますから。あのときはたまげたですよ。撃ちあい現場から引きあげるとき、皆が皆、あわてて走り出ているのに、親分はゆっくりとあたりを睥睨（へいげい）しながら、こうやってグッと肩を振って――」

と言うとき、決まって自らも肩を振って、その真似をしてみせるのだった。

この田中享次、どこへ行っても誰に対しても物怖じせず、どんな大親分にもあまり気を遣わない男だった。ただ一人、自分の親分である落合勇治に礼を尽くせば良し、あとは誰に遠慮がいるものか――というスタイルを押し通したのだ。

落合が大頭龍落合四代目を襲名し、その挨拶まわりのため、京阪神の山口組直参の某組長のもとに赴いたときのこと。その組長、落合の挨拶を受けたあとで、相手を枝として軽く見たのか、

「落合、おまえもつきあいをしろよ」

と言ってきたから、落合もムッときて、

「つきあいはいくらでもしますよ。状をいつでもまわしてください」

と応えた。どこであれ、きっちりつきあいはこなしてきているという自負があったので、そんな言い草はないだろうと腹が立ったのだ。

それまで山口組の枝（小西一家大頭龍落合四代目）として、直参組長に対する礼を守って煙草も吸わず、ソファーに浅く腰かけ畏まってきたのだが、落合は態度を変えた。ソファーにふんぞり返って座り、煙草を銜えたのだ。

お伴の田中がすかさず火をつけてきたので、落合は、おまえも吸えとばかりに合図を送った。田中もすぐに察して煙草を取りだし、ソファーにふんぞり返ってふてぶてしい態度で煙草を吸いだした。もともと型破りで鳴らした田中、こういうときは平気で開き直れる男で、落合との呼吸もあっていた。

これには相手組長も、敏感に空気を読み、ヤバいと思ったのだろう、急な用事を作り、そそくさとその場を去っていった。

落合には、田中とはそんな思い出があった。

……興奮状態のままに現場を引きあげた田中享次に続いて、マンションの階段を降りてきたのは、落合定夫だった。

足を引きずっている定夫を見て、片島が駆け寄り、

「叔父貴、大丈夫ですか？」

と気遣うと、

「足を撃たれた」

と言う。定夫は右膝に盲管銃創の重傷を負っていた。片島は歩けない定夫を背負って、家に連れ帰った。

この銃撃戦で撃たれ負傷したのは、他に44歳の漆畑組組員が右腹部貫通、右肩から首にかけての盲管銃創で重体、同組員が右手人差し指を骨折した。また、右胸に銃弾を受けた27歳の村上組幹部が、収容先の病院で貫通銃創による出血多量で死去。彼は心臓が右にある不運も重なった。

右脇腹に銃弾を受けた勇治は、事件後、ただちに若衆の運転する車で東京方面へと逃走。病院で治療を受けるわけにもいかず、東京の若い衆のマンションに落ち着くや、荒治療を敢行した。ナイフ、ハサミ、ピンセットを使って、若い衆に弾丸摘出手術を行なわせたのだ。麻酔もない素人の手荒な手術だった。

それは弱い男なら悲鳴をあげ、ヤクザであっても七転八倒せずにはおれないほどの苦痛を伴うものであったろう。だが、サムライを自任する男が、若い衆の前で無様な姿は死んでも見せられなかった。

そこで勇治が思い出したのは、三国志の関羽の逸話であった。関羽が戦場で股に矢尻を射ちこまれ負傷した際、それを医者に抜かせる場面だった。関羽は平然と囲碁を打ちながらうめき声ひとつあげず、その手術に耐えたという。

関羽にできたことが自分にできないことはない——と、勇治は肚を括った。

その手術の指示を聞いて、驚いたのは若い衆である。

「親父さん、そりゃムチャというもんですよ」

「構わん。やってくれ。煙草をくれんか」

関羽の囲碁の代わりに、自分は煙草にしようと考えたのだ。

関羽のように、どれほどの激痛に襲われても顔色ひとつ変えず平然と煙草を吸い、手術に臨もう、と。それを脂汗かいて身をよじり、「うーうー」うめいていたのでは、若い衆にも示しがつかないではないか。

「それじゃ親父さん、行きますよ」

「おお、やってくれ」

上半身裸になりうつ伏せで床に就く勇治。右脇腹から背中にかけていまだ生々しく残る銃痕。

その箇所に、にわか医師に扮した東京の若衆・政男が、メスならぬナイフを入れ始めた。

勇治が銜えた煙草に、もう一人の若衆・江原が火をつけた。

「フーッ」旨そうに煙を吐く勇治。

手術は粛々と進む。緊張のあまり汗をかきだしたのは、執刀役の政男のほうだった。その汗をタオルで拭いてやる江原。

涼しい顔で煙草を吸い続ける勇治。煙草を何本吸い終えたときであったろうか。

「取れましたよ、親父さん！」

との喜々とした政男の声。手にしたピンセットは、血まみれの弾丸を摘みあげていた。

勇治の右脇腹から入って背骨右側で止まっていた銃弾は、若い衆の手によって摘出されたのだった。

勇治が宇都宮で静岡中央署の捜査員に逮捕されるのは、翌11日午後3時45分ごろのことである。

第三章　小西一家二代目襲名

1

「被告人を無期懲役、罰金3000万円に処する」

さいたま地裁の302号法廷に、多和田隆史裁判長が読みあげる主文が響きわたった。平成25年7月18日のことである。

薄いブルーのスーツに身を包んで証言台に立った落合勇治は、正面を見据えたまま身じろぎもせず、その判決を聞いた。

〈まさか、こんなことが……〉

内心で愕然とする思いがあったが、表情にはつゆ出さず、あくまでポーカーフェイスを保った。どんな判決が出ようと、山口組直参の名折れとなるような見苦しい態度はとるまいと決めていたからだった。

それにしても、よもや正義を実現するはずの法廷で、検事によってゼロから作りあげられた、語るも愚かなでっちあげが真実として公然とまかり通るとは、落合にはどう考えても信じられなかった。

落合が10日前の公判で述べた、

「何人かの若者たちが、死刑、無期という恐怖に脅えさせられ、刑期を短くしてやるなどという甘言によって、生存本能を揺さぶられ、私に対する憎悪の念をかきたてさせる虚偽の話を長期間にわたって聞かされた結果、悪魔に魂を売るように、國井弘樹検事と山本佐吉子検事、この2人の検事の功名心、出世欲によって作られた虚偽のストーリーに沿う調書を作りました。

ただ、このような虚偽の供述をした心弱き若者たちも、将来、冷静になり、歳を重ね、人間的に成長したなら、いずれは良心の呵責に苛（さいな）まれるときが必ず来ると思います。この若者たちも私同様、両検事の被害者だと思います」

との最終意見陳述など、裁判官には少しも顧みられることはなかったのだ。

だが、落合がここで述べた「良心の呵責に苛まれるときが必ず来る」との予測は、1年数カ月後に現実のものとなって、図らずも的中する。良心の痛みに耐えかねた梶（かじ）

早俊次元大頭龍落合五代目、未岡共次元総長付（役なし）、床年也元大頭龍幹部の3人が、高裁の証言台に立ち、一転して、

「地裁での証言は、すべて検事にそのようにさんざん練習させられて嘘を言いました」

と一審の証言を覆すからだった。それは落合が無実であるがゆえに予測できたことで、逆説的な〝秘密の暴露〟であったろう。

《今回の冤罪事件は、國井弘樹と山本佐吉子の出世欲の塊の検事が、自分の出世と功名心の為に弱い若衆たちを死刑、無期と脅し、協力すれば十年ちょっとで出してやると責めたてて確信的に捏造してしまった事件なのです。ですから、許せないのです。今の無期は生きて出れない。それを利用して弱い若者達を二重の犯罪者にしてしまう。そんな事したら、助かりたい一心でウソを言わされて検察に協力しても、務めに入って落ち着いたら、良心に苛まれて自殺も考えられます。私は梶早を利用しようとしているのが見え見えでしたので、「可哀想な事してやるなよ！　本人、刑務所に行って首を吊る事になってしまうぞ！」と検事達に言っていたのです》（落合勇治総長の手紙）

子飼いの若衆として、その人間的な弱さも含めて人間性や性格を誰よりもよく知っ

ていたがゆえに、検察に利用された後の梶早の顚末も、落合には痛いほど見えていたのだろう。

その一方で、目的のためなら手段を選ばない國井、山本の両検事の遣り口は卑劣としか言いようがなく、あまつさえ彼らには恥も外聞もなく、人間の尊厳さえかなぐり捨てた感があった。

小西一家堀政連合秀神会会長の鷹石豪は、同じ「埼玉抗争」裁判の小西一家準幹部Oの公判（平成24年2月23日）で証人となり、

「國井検事は済まないと言って自分に土下座したんです。両手を突いておでこを付けて時間にして20～30秒沈黙してずっと頭を付けて土下座したんです」

と証言していた。

よもや難易度ナンバー1とされる司法試験を突破した社会的エリートが、何よりも正義の体現者として世間から畏敬されているはずの主任検事が、何ゆえの土下座であったのか？　しかも相手は暴力団と言われ世に指弾される4次団体の30代の組長、なおかつ殺人犯に対してのものなのだ。

國井検事が暴力団4次団体組長に土下座してまでも守らなければならなかったもの――それこそはでっちあげたストーリーであり、己の体面であった。

つまりは鷹石に真実を言われてはそれが破綻してしまう、協力してもらわなければ、その捏造したストーリーが立ちいかなくなるがゆえのなりふり構わぬ所作であった。信じられないような話であろう。

落合も、國井の後任である主任検事の山本から、ある日突然、喋ってもいない調書を出され、サインを迫られたことがあった。落合との問答形式の調書で、彼女が勝手に作りあげてきたものだった。落合が、

「言ってもいないことを調書にするな。破棄してくれ」

と拒んでも、山本は耳を貸そうともしない。

「あまり汚ないことをするな。正々堂々とやれ」

とさらに抗議すると、

「帰ったら頼りになる弁護士に相談したら?」

と顎をあげて山口組直参を愚弄し、

「サインしないいんだから、いいでしょう」

とうそぶく始末だった。挙句、落合が喋ったので調書にしたが、サインを拒まれたとして、山本はそのまま証拠申請していた。

これには落合も、こんな検事にかかったら、普通の者ではみな押しきられてしまうな、若い衆たちもさんざんやられているだろうな――と痛感せざるを得なかった。

検事たちの遣り口は、梶早が逮捕されたあとに、梶早の内妻K子からいちいち報告を受けて聞いてはいたが、落合も実際に自分が捕まり取調べを受けるまでは、まさかここまでひどいとは思ってもいなかったのだ。

内縁の夫の梶早が、國井と山本の両検事から、「死刑か無期だ」と言われるたびに、K子は落合に直接電話を掛けてきた（落合、小濱の逮捕は梶早の1年後）。國井はわざわざ静岡の田舎の果てのK子の実家まで赴き、

「このままでは死刑か無期になってしまうから、子どもの写真を撮らせてくれ」

と頼んできたという。K子は、

「それを断ったら、『ランドセルや服の写真を撮って手紙を書いてくれ』と言われたけど、それも断りました」

と電話してきたのだ。落合は、

「死刑だ、無期だなどということはないよ」

と慰めた。

梶早とてヤクザ、曲がりなりにも〝男稼業〟に生きてきた者である。いくら検事に

脅され、甘いことを囁かれたとしても、最初からそれに簡単に屈するような人間であったなら、そもそもはヤクザ失格であり、長いことヤクザをやってこれたはずもない。ましてや落合が大頭龍の跡目に抜擢し、小西一家の執行部に取りたてて、何かと目をかけてきたほどの男なのだ。

梶早もその期待に応えようとし、落合に恩義を感じていたのは、

「社長に何の孝行もしないままこんなことになって申しわけなく思ってます。社長には濃い酒を飲ますな。社長が体をこわしたら、おまえらの責任だからな」

という、親しくしていた居酒屋の女将への手紙でも明らかだ。

この手紙は平成21年3月9日に逮捕された梶早が同年夏に出したもので、つまり逮捕後半年ぐらいは梶早も検事の脅しに屈せず、甘言にも乗らず、突っ張っていたのだ。

そんな梶早が変わりだしたのは、平成21年8月24日、小西一家伊藤誠二本部長、同上城広道若頭補佐、同黒岩力若中（大頭龍落合若頭）、同大島直美若中（大頭龍落合本部長）らが一斉に逮捕され、彼らから、「梶早が勝手に暴走した」という話が出てきてからのことだった。

9月以降、内妻のK子が面会に行ったとき、梶早は、

「黒岩や大島が全部オレにおっかぶせてきている。このままでは無期になってしま

う」

と動揺し始め、K子に、

「オレはもう出てこれないから。おまえとも別れよう。子どもを頼む。このことを親分に伝えてくれ」

と言ってきた。K子はそれをそのまま電話で落合に伝えてきたので、

「何をおっかぶせてきているんだ?」

と聞くと、

「下見に行かせた云々ということだそうです」

と言うので、落合は、

〈そんな小さなことで互いに罪をなすりつけあって逃れようとしているのか!〉

と呆れる思いがしたものだ。

落合は事件には一切関与しないという立場を貫いて弁護士とも一回も接触していなかったので、K子に対しても、

「小濱に相談しろ」

と言うしかなく、何らタッチしなかった。裁判がすべて終わった時点で詳細を聞いて、誰をどの程度面倒見るべきか判断し指示してやればよい——と考えていたのだ。

些(いささ)かも事件に関与していないがゆえの鷹揚(おうよう)さで、少しでも関与していれば弁護士をつけたり手厚く梶早の面倒を見たであろうから、ノータッチこそ潔白の証明でもあった。

が、その間、捜査機関による落合と梶早との離反工作は着々と進んでおり、さらに梶早と黒岩ら若い衆たちとの対立を利用して、検事は落合が黒岩側に立っていると梶早の憎しみを煽(あお)りたてた。梶早は落合に対して反発し、腹を立て、やがて憎むようになる。ついには検察からずっと迫られていた、「落合に指示された」というストーリーに乗るまで、そう時間はかからなかった。

2

冒頭の主文に続いて、多和田隆史裁判長は判決理由を事務的に淡々と読みあげていく――。

落合の関与を証言した検察側証人について、

「体験していなければ述べえない臨場感に富む具体的な内容になっている」

「被告人の不利益になるような供述をする理由はなく、信用性を疑うべき事情はない」

「被告人が直接指示を下した事実を述べることで組織的な報復もありうるから死をも覚悟し、すでに受刑中の身であったことから虚偽の供述で被告人を陥れる必要もない」

などとして、いずれも、

「不自然、不合理な点はなく、異なる場面で体験したことを真摯に供述しており、通話履歴などの裏づけもあって信用性がある」

とした。

一方、弁護側証人に対しては、

「電話の通信履歴から考えると不自然」

「口裏合わせの虚偽証言」

「供述調書と証言は不合理に変遷している」

などと切り捨て、「一様に曖昧で信用性に乏しい」と断じた。

弁護側が指摘した「検察官の不当な誘導による虚偽証言」についても、「取るに足らない」と一蹴。

また、落合本人の証言についても、裁判長は、

「梶早元組長が埼玉に向かうことを力ずくで引き止めるといった積極的な姿勢を見せなかったことは不合理」

「（梶早元組長の降格は）後に自らに責任が及ぶことのないようにしたもの」

と真っ向から否定した。

最後は今回の事件を、

「やられたらやり返すという暴力団特有の論理に基づく反社会的な犯行」

「組織性の高い凶悪な犯行」

と強く批難したうえで、

「被告人は、配下の暴力団構成員に対し、その背後から絶大な影響力を行使して犯行を主導しており、まさに本件各犯行の首謀者」

と結論づけた。

また、落合が過去に首謀者となって起こした殺人2件の前科を挙げ、

「本件を含め、これまでの人生で3回の機会に3名の人命を奪ったことは、被告人の反社会的な人格、生活態度を物語るものと言ってよい。……暴力団との関係を断つ決意を述べて真実を語った証人の人格まであげつらい、なんら反省の態度を示していない」

と断罪し、求刑通りの「無期懲役、さらには銃刀法違反で罰金3000万円を併科する」としたのだった。

……およそ見当違いの、なんら胸に響かない、空疎な文言が、落合の耳を通り抜けていく。

いったいこの2カ月にわたる裁判はなんだったのだろうか？　初めから結論が決まっていることをやる必要があるのだろうか？　あとに残ったのは空しさだけだった。

「本件を含め、……3名の人命を奪っ」ておきながら、「なんら反省の態度を示していない」だと⁉　何を以って、裁判長はそう決めつけるのだろうか。

確かに落合は、ヤクザ渡世を選んだときから、互いに同業の身であれば、殺るも因果、殺られるも因果、どっちに転んでも恨みっこなし、それを宿命と思い定めて生きてきた。この渡世に生きる者同士であれば、互いに一歩も引かずにやりあわなければならないことも出てくるし、その結果、相手を殺めることになったとしても、サムライ同士の戦いの結果なのだ、と。

2人を殺める結果となった二度の事件のあとで、落合はそう自分に納得させてはいたものの、やはり簡単に割りきれるものでないのは、心ある人間である以上、当然であった。

勇治より7歳上の市役所勤めの次兄の多吉が、見知らぬ精神障害者に自宅に侵入され刺殺される事件が起きたのは、ちょうどそんな時期だった。

その夜、多吉は自宅で帰りの遅いサラリーマンの一人息子を心配して待っていた。大学を卒業し、地元静岡の住宅関連会社に入社して間もない息子は、連日、会社の歓送迎会につきあわされ、帰りが夜遅かった。

夜も更けたころ、ドンドンと玄関を叩く音がする。おっ、帰ってきたか、と多吉が腰をあげ、自ら玄関まで出迎えに出た。こんな時間、物も言わない相手が来客であるはずもなく、息子と信じて疑わない多吉は、

「遅いぞ！」

と戸を開けた。その途端、刃物を持った暴漢が多吉に襲いかかったのである。無防備の多吉にはそれを防ぎようもなかった。

この実兄の不幸を獄中で知った落合は、ショックを受け、まるで自分の責任であるかのように心を痛めた。

〈オレが2人も人を殺めているから、その天罰で兄が殺されたんじゃないか〉

と悩み、己を責めた。

折しも落合は、小西一家東海連合の内紛から起きた宮ヶ崎事件で、懲役12年の刑を受け、岐阜刑務所に服役中の身であった。

その宮ヶ崎事件では、落合が現場となった静岡市宮ヶ崎町の東海連合本部へ向かったのが、北安東の親分落合賢治宅からだったこともあって、賢治も共謀共同正犯に問われていた。一審で有罪にされた賢治は控訴し、東京高裁で控訴審が開かれたのだが、服役中の勇治が証人に立つことになった。

そのため、岐阜刑務所の会議室が臨時法廷となり、東京高裁の裁判官が岐阜まで訪ねてきた。

落合賢治が宮ヶ崎事件の一審で有罪となったのは、大頭龍落合一家の身内から、

「親父が怒って『やってしまえ！』というようなことを言っていた」

「親父が拳銃に弾を詰めていた」

などという供述があったり、相手陣営からも、

「落合賢治と（実弟の）定夫から電話で『首を洗って待っていろ！』と言われた」

との証言が出てきたからだった。

だが、いずれも言うことがコロコロ変わっていたり、信憑性に欠けるのは否めなかった。

そのなかで、警察・検察の取調べから一審の証言まで、7年間、終始一貫して、

「親父は関係ない」

「親父は下痢でトイレばかり入っていた」

「オレが道具（拳銃）を持っていたのを、親父はまったく知らなかったし、あんなふうになることもわかっていなかった」

と言っていたのは一人、勇治だけであったのだ。

そこを評価してくれたのが、岐阜刑務所まで出向いてきた件の裁判官であった。勇治が臨時法廷での証言を終え、写真撮影のため、事件当時着用していた服に着替えていると、その裁判官が近づいてきて、勇治に、

「あなたはサムライですねえ……」

と感に堪えないように言ったものだ。

それがどれほど勇治の救いになったことか。

ちょうど実兄を亡くし、自分のせいではないかと悩んでいる時期であっただけに、なおさらであった。ちゃんと見てくれている人は見てくれているのだ――と。

結局、賢治の控訴審も、

「落合勇治の証言が事実として信用できる。他はそのときどきで変遷しているので信

用できない」

　として、賢治は晴れて無罪となり、上告なしで確定したのだった。

　その一報を岐阜刑務所で妻からの電報で知った勇治は、飛びあがって喜んだものだ。

　それから23年を経て、こうして三たび法廷に立たされていても、自分の裁判に対して、落合のなかでどこかで楽観的な気持ちがあったのは、まさに無実であったからに違いないが、同時に、あの賢治を無罪にした裁判官のイメージが強烈であったせいかも知れない。

　出世欲に目のくらんだ検事によって、まるで身に覚えのない犯罪をでっちあげられてはいるけれど、正義を裁く裁判官たる者、それを見抜けぬわけがないではないか。いや、決して間違った判決を下すはずがあるまい——との思いこみ。

　あの松浦という裁判官によって植えつけられたものであったが、それが幻想に過ぎなかったことは、多和田裁判長の読みあげる判決文を聞いたいま、落合は痛いほど思い知らされたのだった。

　しかも、相手が悪かった。よりによって、落合に当たったのは、何かといわくつきの裁判長であった。

　弁護側が「検察官の不当な誘導による証言」と指摘した件を、「取るに足らない」

と一蹴し有罪の判決を下した多和田裁判長。

そのわずか1週間後、東京高裁で彼に絡む奇妙な符合とも言える判決が下りていた。東京都迷惑防止条例違反（痴漢）の罪に問われ、一審で罰金40万円の有罪判決が下りた東大准教授に対し、東京高裁は控訴審で、

「裁判官の誘導尋問に基づく被害者の供述は信用性に乏しい」

との逆転無罪判決を下し、一審の有罪判決を破棄したのだった。

このとき、一審・東京地裁で有罪判決を言い渡したのが誰あろう、多和田裁判長であった。

落合をサムライと認めた裁判官とは、少しばかり体質の違う裁判官であったのは明らかだった。

落合の弁護団は判決を不服として即日控訴した。

3

宮ヶ崎事件で、落合が無念でならなかったのは、そもそも東海連合内紛の根本原因を作り、抗争に至らしめた最大の元凶ともいうべき小西一家若頭補佐の加頭組組長加

頭嵐次を討ち損じたことだった。

「あいつだけは許せん！　あれを仕留め損なったことだけが無念だ！」

獄中の身となったあとも、落合は歯噛みして口惜しがり、憤りを見せた。その怒りは、死なせなくてもいい若い衆を一人、死なせてしまったという無念さからも来ていた。

何十発と乱れ飛ぶ弾丸の1発を右胸に受けて貫通銃創による出血多量で死去した村上組の27歳の幹部のことで、隆という落合もよく可愛いがっている若者だった。

落合は警察に対して、自分が撃ったものと認めたが、実際のところは激しい撃ちあいがあり、誰が撃ったかわからない状況のなかで、そのうちの1発が運悪く彼に当たってしまったというのが真相だった。しかも、常人と違い、心臓が右にあるという不運も重なり、死に至ってしまったのだ。

「何だって!?……隆が……」

後に隆が被弾して亡くなったことを聞いたとき、落合は絶句し、天を仰いだ。よその組の若者とはいえ、「隆、隆」とよく可愛いがり面倒を見ていたからだ。新婚ホヤホヤで子どもが生まれたばかりであることも知っていた。

落合は留置場から弔電と香典を送り、その後も何かと遺族を気にかけ、心遣いをし続けた。

その真情が通じたのか、隆の父親である村上組長も、息子を死に追いやった男を憎むどころか、浅間神社の祭りのときには、落合からの手紙を握りしめ、

「あんないい男はいない」

と泣いて皆に触れまわったという。

それを伝え聞いた落合も、村上という組長の心の大きさに打たれる一方で、なおさら内紛のもとを作った加頭に対し、許せぬとの思いを募らせた。

落合は宮ヶ崎事件で逮捕されたあとも、

「加頭だけは絶対許さない！」

と、ずっと公言していた。面会者に対しても、

「あヤツは不倶戴天の敵」

「シャバに帰ってヤツがまだヤクザをやっていたら、必ず決着をつける！」

と断言し続けた。

その手始めとして、落合は静岡拘置所にいる間、同拘置所に入ってくる加頭組の若衆たちを威圧し、徹底的に潰しにかけた。

そのため、加頭は宮ヶ崎事件による数年の服役を終え出所した後も、静岡に帰って

これなかった。静岡拘置所に勾留中の落合に若い衆をバラバラにされたうえ、

「加頭は許さん！」

と公言し続ける落合の意を汲んだ若衆たちが静岡で目を光らせていたからだった。

静岡山口組勢の実力者、後藤組後藤忠政組長や美尾組美尾尚利組長も、そんな落合の強力なシンパであった。

後藤組の葬儀でのことである。同執行部は山口組の序列通り花輪を並べていた。すると、最後の見まわりチェックに来た後藤がそれを見て、

「入れ替えろ！」

と命じ、落合と加頭の花輪を入れ替えさせてしまった。結果、小西一家の枝（大頭龍落合一家若頭・落合組組長）の落合の花輪のほうが、小西一家直参（同若頭補佐・加頭組組長）の加頭のそれより上になった。

が、どこからも文句は出なかった。

後日、その話を聞いた落合、

「叔父貴らしいなぁ！」

と快心の笑みを漏らすとともに、後藤に感謝せずにいられなかった。

だが、さすがに加頭をバックアップする小西一家最高幹部のほうも、この事態を座

視していいるわけにはいかなくなった。

その指示を受けた小西一家若頭補佐2人が、静岡拘置所の落合を訪ねてきたのは、そんな時期だった。2人は、

「小西総長も心配しておられる。加頭を許してやってくれ」

と言ってきたので、

「総長には御心配かけて申しわけありません。ですが、加頭の件は、私が出所してからの話にしてください」

と応えた。あくまで「私が出てからの話」で押し通したのだ。

この時期、件（くだん）の小西一家最高幹部は山口組直参に昇格していたので、加頭の件は新若頭に引き継がせていた。加頭可愛いさで、なんとかその身が立つようにしようと躍起になっていたのだ。

小西一家の新若頭は、落合勇治では埒が明かないと見て、その親分である落合賢治に狙いを定めた。静岡拘置所の賢治のもとへ面会に来て、

「加頭を許してやってくれ。兄弟のところの若頭にも、その旨を言ってくれないか」

と申し渡した。

賢治は応諾し、勇治を説得する役も引き受けた。間もなく勇治は、賢治からの「加

頭を許してやれ」との手紙を受けとり、再度、小西一家若頭補佐連中の訪問を受けた。

彼らは、

「落合の三代目は許してくれている。神戸の総長も心配されて、もう2人とも仲良くしろと言っている。若頭、もういい加減に勘弁してやったらどうだ」

と本家の総長と賢治親分の名まで出して勇治を口説いた。

それでも勇治は、言うことを聞く気にはなれなかった。

「御心配かけて申しわけないですが、加頭のことは出てからにしてください」

と押し通したのだ。

静岡に帰ってこれない加頭は、金沢の兄貴分のところに厄介になっていて、様子を窺うしかなかった。目下売り出し中の天下の小西一家若頭補佐も、勾留中のたった一人の枝の男のためになす術もなかったのだ。

その後、さしも飛ぶ鳥を落とす勢いだった加頭も、次第に力を失っていき、勇治が社会復帰したころには、もはやその敵ではなかった。

そもそも勇治が所属する静岡の名門・大頭龍が三代目山口組系小西一家入りしたのは、昭和55年9月のことだった。

勇治が最初の長期刑をつとめていた時分のことで、その前年1月には、大頭龍吉本二代目の落合漲治が病没し、この年（55年）4月には落合賢治が大頭龍吉本三代目を継承していた。それからわずか5カ月後の山口組小西一家入りであったのだ。

さらに勇治が大阪刑務所を出所したのは、この4カ月後、翌56年1月末のことで、勇治を取り巻く世界は目まぐるしく動いていた。

どうして大頭龍が小西一家入りすることになったのか？　そのいきさつや詳細は、当時、大阪刑務所で服役中の勇治には皆目わからなかった。

獄中でそのことを知らされたとき、勇治は、山口組入りに関しては時代の流れと理解できたし、さして奇異な感も驚きもしなかったが、

〈大頭龍として一本で充分、山口組の直参組織になれる組織力があるのに、なぜ小西一家なんだろう？〉

との思いが湧いたのは事実だった。

しかも、大頭龍を十二分割してそれぞれ小西一家の直参になるというのも、すんなりこなかった。

ただ、そうは言っても、すべて親分である落合賢治が決めたことであり、親分に忠誠を誓ってこそのヤクザ渡世、落合にはなんら迷いはなかった。

ちょうど山口組の地方進出が全国的に推し進められていた時期だった。

大頭龍吉本二代目落合漲治の舎弟に〝人斬り義〟とも〝般若の義〟とも異名をとった鈴木義政という親分がいて、その一の子分として活躍したのが赤堀某である。その赤堀の若衆に田崎智という男がいて、勇治より4、5歳年上だった。が、同じ大頭龍一門とはいえ、勇治とはまるきり接点がなかった。

この田崎が何かの事情で赤堀組を出て、名古屋の山口組加茂田組系宮崎興業宮崎正義組長の舎弟となったのだ。宮崎は落合賢治の兄弟分でもあった。

宮崎興業の副長となった田崎は、古巣の大頭龍赤堀組の連中の引き抜きに動いたものだから、静岡ヤクザ界は風雲急を告げ始めた。

落合漲治親分が亡くなって求心力も弱まり、跡目問題も出てきて、勇治不在の大頭龍一門は山口組や加茂田組の名にともすれば腰くだけになり、田崎にだいぶかきまわされることになったのだった。

結果的には大頭龍は小西一家若頭英五郎の奔走などもあって、12人の親分が小西音松総長の直参となって名門小西一家入りが決まるのだが、そこへ落ち着くまでは擦った揉んだがあったようだ。

出所した勇治が見たのは、全国的な山口組進出の波に乗ったハッタリだけの男にさんざんかきまわされ何もできなかった連中が、山菱の代紋を付けて得意然としている姿だった。

勇治はその者たちに、「おまえらは！」と言いたかったが、いまさら言っても詮ないことと当初は我慢した。長い懲役生活で、勇治も我慢を覚え、だいぶ大人になったのだった。

が、筋を弁えないあまりに図に乗った遣り口に、勇治の堪忍袋の緒は2年ともたずに切れ、宮ヶ崎事件となって爆発してしまう。

4

新米刑務官の滝代義夫が初めて落合勇治と会ったのは、四つの工場担当の交代要員として落合が働く一工場へ勤務したときのことだった。

滝代が洋裁工場である一工場へ赴くと、作業中にも拘らず、受刑者3人が雑談しているのを見て、

「作業中だぞ。雑談禁止だ」

と注意したが、無視された。

「おい、聞こえないのか!?」

と言っても、どこ吹く風の態度だったので、

「よし、保安課連行！」

と声を張りあげた。滝代はすぐに保安課に電話を入れ、

「応援お願いします。3人連れていきますから」

と伝えた。このとき、滝代は22歳。刑務官としてデビューして間もない新人であった。

初の刑務官勤務に当たって、滝代は、

〈新人刑務官だからって、受刑者に若造扱いされ舐められてたまるか！　ビシビシやってやるから〉

と期するところがあったのだ。ボクシングに打ちこみ、腕に覚えもあった。若さゆえにことさら肩肘いからせ、張りきっていたのだが、早々に受刑者とぶつかってしまったのだ。

滝代は3人を保安課に連行することにして一列に並べ、

「気をつけ！　足踏み始め！　イチニ、サンシー」

と号令をかけ、工場から保安課までの通路を行進させていく。

だが、3人のうちリーダー格の男は、言うことを聞こうとせず、号令などまるで無

視してダラダラ歩いていく。たまりかねた滝代が、

「落合、しっかりやれ！」

と叱咤した。その男がどこの何者とも知らなかったが、落合という名であることは知っていたのだ。すると、落合は、

「何ィ！」

と滝代に向かって殴りかかってこようとした。あまりに融通の利かない生意気な若造が腹に据えかねたのだ。

「やめてください！」

あわてて止めに入ったのは、他の2人の受刑者だった。これには落合も矛を収め、滝代に従って他の2人とともに保安課取調べ室へと入った。

規則違反の3人を保安課に連行したものの、滝代は、

〈さて、どうしたもんだろう？〉

とハタと思案した。

滝代が事の経緯を担任部長に報告すれば、十中八九、落合は職員暴行未遂、指示違反等で懲罰の対象となるだろう。

だが、担任部長への報告より何より、滝代の胸中は、

〈いったいこの男は何者なんだろう？〉

との落合への興味で膨れあがっていた。どうも只者ではないように思えたのだ。

そこで滝代は落合の身分帳を閲覧することにした。彼の生い立ちや経歴、関わった事件の詳細を知るには、それが一番手っとり早かった。その結果、滝代は初めて落合という人物のおおまかなことを知ったのである。

そこにはなんともはや凄まじい経歴が記されていた。今回の懲役12年というのは二度目の長期刑であり、一度目が懲役15年、しかも二度とも自分のためではなく、親分のため、一家のための懲役なのだった。一度目が親分の仇討ち、二度目の今回が組織を守るため、敵陣に乗り込み、ハデな銃撃戦を繰り広げて死者を出したという、殺人罪による服役であった。

〈なるほど、こりゃ凄い！　紛うかたなき本物じゃないか！〉

滝代は衝撃を受けた。そこらへんのハッタリだけのヤクザとは大違いだった。

結局滝代は担任部長への報告もせず、3人を1時間ほど保安課取調べ室に待機させただけで、何事もなく工場へ戻した。

半ば以上、懲罰を覚悟していた落合は、狐につままれたようであったが、不遜で無粋な若造とばかり思っていた件の新人刑務官を、改めて見直す気になったものだ。

洋裁工場は37～38人の受刑者が作業に当たっていた。組関係者がおよそ半分を占め、右向けと言えば左向くような一筋縄ではいかない男たちの集まりであるはずなのに、トラブルの類がほとんどないのは、滝代の目にも不思議だった。

なぜなんだろうと思って見ているうちに、滝代にも間もなくわかったのは、リーダー格の落合の存在がいかに大きいかということだった。

作業は一人一人がミシンを使って婦人用スラックスを仕上げていくものだが、その流れをつねに掌握し、差配しているのが落合だった。つまり、落合がその流れ作業の指示を出しコントロールしていた。

作業は効率よく仕上げ、より生産を上げることを目標にしていたが、早く回してしまうと材料が足りなくなった。手透きの者が出て何もしていない者がいると、注意される対象となった。そこで落合が、

「自分のペースでやれ。しゃかりきになるな」

と指示を出し、全体の流れが一定のペースを保つようによく点検していた。

落合に逆らう者とてなく、皆が畏敬の念を抱き、滝代から見ても、彼ほど人望の厚い男も稀だった。そのため、洋裁工場は落合を中心にまとまって作業上のトラブルも

なく、受刑者同士の喧嘩や弱い者いじめもほとんどなかった。

これには刑務官として、

〈舐められてたまるか！　反抗する者や言うことを聞かない者があれば、徹底的に取締ってやる！〉

と意気ごんでやってきた滝代も、内心で驚嘆せずにはいられなかった。

なにしろ、当時の刑務所は全国的に荒れ模様であった。シャバで勃発し、まだ終結を見ていなかった山口組と一和会との山一抗争の影響もあって、どの刑務所もピリピリしていた。

山口組と一和会関係の受刑者に対し、工場を別にしてもトラブルはなかなか防げなかった。映画鑑賞などでは一堂に会することになり、講堂の電気が消えた途端、乱闘が始まることもあった。あるいは刑務所の塀に銃弾が撃ちこまれる事件も起きていた。

滝代が緊張感をみなぎらせて落合の前に現れたのも、無理ならぬところだった。

ところが、そこで出会ったのは、滝代がイメージする凶暴犯、あるいはヤクザの親分とはまるで別格、別次元の落合という男であった。

他の受刑者から落合ほど慕われている者も珍しかった。刑務官の見えないところで、彼らは落合の運動靴を洗ったり、肩を揉んだり世話しているのだ。

それは規律違反であったから、最初のうちは滝代や他の職員も、

「人の物を洗うな！」

と注意していたが、そのうちに見て見ぬ振りをするようになっていた。落合が命令してやらせているならともかく、そうではなくて、皆が好きで勝手にやっていることなのだ。

職員のなかにも口には出さぬが、落合ファンは少なくなかった。滝代も、落合の人懐っこい笑顔にいつのまにか魅了されてしまっている自分を見いだしていた。

落合が皆から慕われたのは、単にそこらへんの半端ヤクザと違う金筋としての貫禄からだけ来るものではなかった。落合自身、人の相談によく乗ってやり、親身になって面倒を見る男だったからだ。

滝代も、ときには工場内の空気引き締めのため、落合の存在を利用した。夏の暑い日、受刑者がバテ気味で、工場内の雰囲気もダラダラとどんよりしていると感じたとき、落合に対して、規律違反も何もしていないのに、

「保安課、連行！」

とやるのだ。保安課へ連行されていく落合を見て、受刑者も、

「落合さん、何かやったのか!? あの人が連れていかれるぐらいだから、オレたちも

しっかりやらないと大変なことになるぞ！」

と途端に工場内の空気は一変し、ピリッと引き締まるのだ。

落合も心得たもので、滝代の意図するところをすぐに理解した。クーラーの効いた取調べ室で滝代と1時間ほど雑談すると、何もなかったように工場へと戻るのだ。

落合の本領が最も発揮できるのは、大好きなスポーツのイベント――ソフトボール大会や運動会のときだった。とはいえ、選手としてではなく、工場の監督としてチームをまとめ盛りあげるのだ。落合のもと、皆が一丸となってまとまり、生き生きと楽しむのを見て、落合が誰よりも喜んだ。

受刑者と刑務官として、落合と滝代の交流はおよそ7年に及んだ。他の受刑者が落合を「サムライ」と敬服したように、滝代もまた落合に何より「俠」を感じずにはいられなかった。

落合の出所が間近になったころ、滝代は、

「総長、2回も人のため、組織のため、自分を犠牲にしてきたのですから、今後は御自分を大切にしてくださいよ」

と声をかけた。落合は、

「刀を抜いてはいけないが、刀身はつねに磨いておくことが大切。それがこれからもサムライとして生きることの証し」

と応えたものだった。

5

——シャバは何もかも変わっていた。

平成9年1月末、岐阜刑務所を出所した落合の目に、世の中の変貌は目ざましかった。それは最初の長期刑を出た15年前以上の変わりようで、落合は驚かされるばかりだった。

車に乗っても道路がすっかり変わって昔の面影がなくなってしまっていることにも驚いたが、若い衆が上から下まで全員が携帯電話を持って車同士で連絡を取りあっている様子には仰天し、

「時代は変わった！……」

と実感したものだ。

「この前出たときは、10円硬貨を入れなくても公衆電話が使えるテレホンカードにビックリしたもんだったが、いまやもうそれどころじゃないんだな。ケータイって言う

んだからな……」

落合から、つい苦笑が漏れた。

だが、そんなこと以上に落合が心底たまげ、嘆かざるを得なかったのは、別の変わりように対してのものだった。

それはシャバに馴染むうちに嫌でもわかってきたことだが、ヤクザの世界が「金、金、金」になっていることだった。

昔は実力がなければなれなかったのに、いまや、小まわりのきく金儲けの上手なハッタリ屋でも「兄ィ」や「親方」と呼ばれ、いい顔になっているという現実。

落合もそうした現状を目のあたりにして、

〈こんな軽佻浮薄な連中が、〝兄ィ〟だ、〝親方〟だって言うのか!?〉

と何度嘆いたことか。昔はそれなりの腕っぷしや男としての器量、胆力がなければ、すぐに化けの皮が剝がれたものだった。その地域ごとに何度も実戦を戦い、勝ち抜いた男が、兄ィ、親方となっていったのだ。

それがいまやヤクザ社会も広域化し、代紋で物を言うのが普通となり、偽者がまかり通るようになってしまっていた。生きるか死ぬかギリギリの状況で、男の性根が試される機会などめったに起こり得ないし、仮に起きたとしても金で解決できるから、偽者でもバレずに済むのだった。

そうした寂しい現実が以前よりひどくなっているというのが、落合の実感であった。

落合が今度の懲役で痛恨の極みだったのは、出所を目前にして、親分・落合賢治を亡くしたことだった。出所まであと1年余りというとき、賢治は肺癌のため他界してしまったのだ。平成7年10月8日のことで、まだ62歳という若さだった。

「勇治が帰ってきたら、オレも引退だ。あとはあれに任せて楽隠居させてもらう」

とかねがね口にし、その帰りを誰より楽しみにしていたのが、賢治であった。

思いもよらない賢治の死に、勇治も獄中で呆然(ぼうぜん)となった。

〈――親父、なぜだ!? あと1年とわずか……なんで待っていてくれなかったんだ……〉

もう10年をつとめ残り1年余、ゴールがすぐ目の前に見えていただけになおさら口惜しかった。親父が待っていてくれる――ということが、長い獄中生活の支えでもあっただけに喪失感は大きかった。

が、その痛手を間もなく克服できたのも、跡目としてその責務をきっちり果たすことこそが自分のつとめであり、賢治に対する一番の供養であるとの自覚が何にも勝っていたからだった。

と同時に、賢治同様、ずっと心にかけて自分の帰りを待っていてくれた、その親分の存在を知ったとき、勇治は恐懼し、心が慄えた。勇治にすれば、親分のそのまた親分にあたる、いわば雲の上の人、山口組でも伝説の闘将として名高い、小西一家総長小西音松その人であった。

岐阜刑務所を出所するや、勇治は出迎えの身内たちとともに真っ先に新幹線で神戸の小西一家本部へと向かった。

そこで勇治を待っていたのが小西音松で、

「よう帰ってきた」

とにっこりと迎えてくれたときには、勇治は天にも昇る心地がし、長いつとめもいっぺんに報われた思いがしたものだった。

そして5カ月後の平成9年6月、神戸の小西一家本部において、勇治は賢治の跡目をとって大頭龍四代目を継承、同時に小西音松の盃を受け、晴れて小西一家の直参に昇格し、同一家若頭補佐に昇格したのだった。勇治はちょうど50歳、男盛りであった。

落合にとって親分こそ絶対の存在、親分に忠誠を尽くしてこそのヤクザ渡世であった。

そんな落合にすれば、いくら時代が変わったとはいえ、それはあってはならないことと、いや、あり得ない出来事であった。たまたまそうした場面に落合が居あわせてしまったのは、他の者たちにとって不運というしかなかった。

落合が小西一家の最高幹部7、8人のメンバーと一緒に東京・赤坂の中華料理店で会食したときのことだった。そこでいったい何が起きたのかと言えば——。

一同が揃った円卓に料理が運ばれだしたころ、皆が皆、親分・小西音松の悪口を言いだしたのだ。

〈——?……〉と内心で訝しく思いながら、落合も初めのうちは黙って聞いていたのだが、それはいっこうに熄まず、段々エスカレートしていった。

ついに我慢ならず、落合は、

「黙らんかい!」

と一喝し、続けて、

「親分の悪口を言うんじゃねえ! それ以上言ったら、オレが許さん! タマ取るぞ!」

怒鳴りつけたのだ。おおかたは落合の先輩で序列も上、叔父貴分の顔もあった。

だが、落合にはそんなことは関係なかった。筋を外しているのは彼らなのだ。

落合の大音声に、一同びっくりしてシーンと静まりかえり、座は凍りついた。

大頭龍四代目若頭の田中享次が、親分の横にいて、

〈ヤバい！　またも宮ヶ崎か！〉

とばかりに緊張し、落合を護るべく身構えた。

すぐさま反応したのは、落合と近い関東地区を拠点にする最高幹部だった。

「——いやいや、これは違うんだよぉ。長いこと留守していたからわからないだろうけど、いろいろあったんだよぉ〜」

と必死に落合を宥めようとするが、

「そんなもの関係ねえ！　とにかく親分の悪口を言うな！」

と落合。

「わかった。わかった。まあ、飲もう。お〜い、追加の料理は？」

とその場をとりなしている様子は、武闘派らしからぬ所作であったから、

〈うちの親分にかかっちゃ、さしも飛ぶ鳥を落とす勢いの男も形なしだな〉

と胸のすく思いで見ていたのが、田中享次だった。

一時はどうなる事かとハラハラしていた田中も、何事もなく収まったのでほっとする一方で、改めてわが親分・落合勇治を見直す思いがしたものだ。

〈こんなに純なヤクザもいないだろうな。日本中でもうちの親分ぐらいじゃないか、これほどまっすぐな人というのも……〉

小西一家最高幹部たちとのすっかりシラケてしまった会食を終えたあとで、落合は田中にこうも言った。

「なあ、享次、皆親分の前では忠義ヅラしてヘイコラして、陰では悪口だ。これでは男のプライドも何もないだろ。盃をした以上、盃に忠実に、誓い通りに生き抜くのは当然だろ。誓いを破るなら誓いではないし、その人間のすべてが信用できないことになる。命を賭すという誓いなのだから、これ以上の誓いはないはずじゃないか」

それはいかにも落合らしい言葉で、田中の胸に沁みたものだ。

6

そんな落合の気性を愛したのか、それとも二度も長い懲役に行って、うち一度は小西一家最高幹部の政策の失敗が原因で苦労させてしまったとの思いがあったのか、小西音松が誰より可愛いがった若い衆が落合勇治だった。

落合が当番で神戸の本部に入るときは、そのたびといっても過言ではないほど、小西は落合を食事に連れていった。神戸でも一流の中華料理、カニ、ステーキ店等々を予約し、常時本部に詰めている栗本博本部長と一緒のことが多かったが、小西は落合のために食べきれないほどの料理を注文してくれるのだ。

小西が少食であったから、それを残さず食べるのはひと苦労だった。が、落合にとって何より掛け替えのない幸福な時間でもあった。

そうした小西の待遇は、他の直参にはめったになかったことなので、落合の特別扱いということで一家では有名だった。

小西が入院するときも、病院に気を遣って、

「若衆たちは一切病院に来てはいかん」

との厳命が出されたが、落合だけは許された。

もともと付き添いは総長秘書を長い間やっていた栗本本部長だけ、見舞いに行けるのは京都の宮本浩徳総長代行一人と決まっていたものだった。

それを落合が、出所後初の小西の入院とあって、本部長に、

「見舞いに行きたい」

と申し出たのだ。

「ワシと代行だけで、あとは一切来たらアカンということになっているんだよ」

との本部長の返事に、

「親が入院しているのに、子が見舞いに行かないというわけにはいかんよ。オレはどうしても行きたい。親分に言って欲しい」

と押したところ、

「勇治だけはいい」

となったのだ。

かくてそれからというもの、小西が入院したときは、宮本代行の他は落合だけが見舞いに行けることになったのである。

小西は毎日、神戸の小西一家本部に顔を出すのが日課となっていた。だいたい午前10時過ぎに本部に入って、午後3時前後に帰るというパターンである。

本部当番は直参組長2人による交替制、正午から翌日正午までの24時間体制であったから、落合が当番で入る時分にはすでに小西は事務所に来ており、一番奥の自分の席に座っていることが多かった。小西は出前の昼食を摂り、午後3時前後までテレビを見たり、若い衆相手に話をしたりして過ごすのだ。

正午に交替する当番組長は昼食を済ませてから本部入りし、小西が帰る時間までは入口近くの直参用のソファーに座っているのがつねだった（枝の若衆たちは数個並んだ事務机に座る）。喫煙するときは、事務所を出てすぐ近くの台所へ移動した。

ところが、落合は本部に入って親分に挨拶すると、入口近くのソファーに座っているのは30～40分だけ。その後は奥の応接間に入り、ずっとそこの居心地のいいソファーに座って過ごした。煙草を吸うときも台所には行かずその応接間のソファーに座ったままだった。

部屋住みの若衆が、

「総長が帰られます」

と知らせに来て初めてその部屋から小西音松を見送りに出るのだった。

それを続けていたところ、ある日、本部長の栗本が、

「兄弟、親分が『勇治は当番に来てもすぐ奥の部屋に入ってしまうなあ』と言っていたよ」

と言う。本部当番組長は誰もが事務所のソファーに座っているのが普通になっていたので、落合の行動はよほど目立ったのだろう。

これには落合も微苦笑を禁じ得なかった。落合とすれば、それが規則なら守るが、別に規則となっていたわけではなかったから、より快適なソファーに座って手足を伸ばして喫煙していただけのことだった。

ただ、小西にしても、ことのほか可愛いがっている落合には、せめて当番に来たときぐらいはずっと側にいてもらいたい——という気持ちから出てきた言葉かも知れない。

そう思うと、落合にも反省が生まれたが、どちらにしたって、盃を交わした親分が絶対、盃をした人のためなら命を投げだすのも辞さないと肚を決めて生きているのだ。そうであれば、それ以上、御機嫌とりなどする必要もないというのが、落合の考えかたであった。

後に落合を舎弟にし、その性分を知り抜いた山口組の重鎮・岸本才三は、

「落合を理解できる人間は少ないだろうな」

と漏らしたものだった。

当番で本部に入った落合を、小西はたまに、

「勇治、ちょっと来い」

と奥の部屋へ誘うことがあった。小西が金庫の前で何かゴソゴソしていると思うと、

「さとみちゃんに服でも買ってやれ」

と封筒を手渡してくれる。見たら、百万円が入っていた。

落合の服役中にも、小西は、本部当番に来た大頭龍の幹部に、

「勇治はいつ帰ってくるんだ？　これをさとみちゃんにやってくれ」
と札束の入った封筒を手渡すことがよくあったという。

小西は落合の妻のさとみともども特別扱いで可愛いがったのだった。小西が亡くなったときも、若衆の女房で通夜・葬儀への参列が許されたのはさとみだけであった。

小西一家総長代行の宮本によれば、親分は「勇治に若頭を」と考えていたのだが、長い懲役に2回も行って苦労してきたのに、まだぞろ若頭の重責を背負わせるのは可哀想と思って言わなかったようだ——とのことだった。

それを聞いた落合は、胸の内で、
〈親分、私にはもったいないようなお話ですよ〉
と手を合わせた。

そんな山口組伝説の闘将・小西音松が、神戸市内の病院で心不全のため亡くなったのは、落合の出所から5年後、平成14年4月16日午前8時5分のことである。86歳だった。

前日、神戸市灘区の自宅で倒れ、救急車で病院に運ばれたという。

五代目山口組顧問の小西は大正4年生まれ、神戸出身。三代目山口組田岡一雄組長から若中の盃を受けたのは昭和29年のこと。以来、およそ半世紀にわたって山菱の代紋を守り抜いてきた。

その長い渡世歴や貫禄から、「山口組の大久保彦左衛門」「御意見番」とも言われ、後進たちにずっと睨みを利かせてきた存在が、小西音松であった。

その葬儀は4月19日、神戸市内の本願寺神戸別院（通称・モダン寺）で盛大に営まれ、他団体も含めて大勢の組関係者が参列した。

小西一家の始まりは終戦直後、小西音松と実兄の小西豊勝の2人で、一本どっこの小西組を立ちあげたことである。小西兄弟は関西汽船の大阪―神戸―別府航路の船内賭博を足掛かりに、神戸から別府市内に進出、地元組織と激しい抗争を繰り広げた。

昭和24年11月、別府市内の繁華街で、当時の大分最大のヤクザ組織である井田組の井田栄作組長が、小西組組員ら4人の刺客に襲われて重傷を負う事件が起きた。刺客の一人は、小西音松の兄弟分で、後に山口組九州地区の最高責任者となる石井組（後の石井一家）組長石井一郎だった。

この事件で抗争は激化、両組織を応援するため数百人の助っ人が別府市内に集結し、一触即発の状態となった。

九州の大親分の仲介で抗争は回避されたものの、その後も乱闘事件など衝突を繰り返す過激ぶりに、翌25年、進駐軍がついに小西組に団体等規制令を適用し、組を強制的に解散させたのだった。

兄の豊勝組長は服役し、小西組も解散を余儀なくされて、小西音松が神戸に引き揚げたのは昭和26年のこと。

小西は神戸・福原を中心に特飲店の用心棒などで勢力を回復させ、昭和29年、田岡三代目の若衆の盃を受け、晴れて山口組直参組長となった。

昭和34年には、新開地の縄張りを巡って、「一人一殺主義」で恐れられていた新生会（後の忠成会）と衝突、拳銃や猟銃が使用され、死者1人、重軽傷者4人を出す抗争事件に発展、小西組と小西音松の名が一躍斯界に知れわたった。

昭和35年の大阪・明友会事件を契機に始まった山口組の全国制覇へ向けた進出作戦では、地道組、菅谷組、柳川組とともにその先兵となり、怒濤の進撃を開始。全国各地で戦いを展開した。とりわけ小西組は全国のテキヤ組織に狙いを定め、山陰、南四国、大阪、奈良、北陸、横浜などに進出を図った。

なかでもよく知られているのは、山陰進出の際に起きた本多会との大激突である。

昭和37年、鳥取において初の小西組系列組織が誕生したのは、跡目争いがこじれて地元老舗組織を出た山陰小田組小田丞組長を傘下にしたことによる。この山陰小田組が、本多会平田会鳥取支部と激しく対立した。

翌38年1月、両者は抗争に突入、警官が事務所を取り囲むなか、ダイナマイトが爆発し、猟銃が火を噴くという凄まじいばかりの戦いとなり、山口組は山陰に確固たる地盤を築いたのだった。

かくてその名が全国区となり、山口組屈指の広域組織となった小西組は、名称を小西一家と改称したのである。

昭和39年、警察庁による頂上作戦が開始され、当局の徹底した取締りによって、全国のヤクザ組織が軒並み解散するなか、頑強にそれを拒み続けた唯一の組織が山口組であった。

が、昭和40年、田岡三代目が心臓病で倒れたことから、「山口組解体作戦」も激化、兵庫県警は幹部たちに揺さぶりをかけた。そんななか、解散を提唱する地道行雄若頭に賛同する直参が多数を占めたが、

「解散せん言うてはる親分に従うんが、子のつとめや」

と断固として解散に反対した一人が、小西であった。

昭和49年に三代目山口組若頭補佐に昇格し、昭和59年、竹中正久四代目体制が発足すると、執行部で舎弟頭補佐として辣腕を振るい、渡辺芳則五代目体制下では顧問の

座に就いた。

テキヤを中心に全国各地に多くの傘下組織を擁し、山口組でも屈指の大所帯として知られる小西一家。

「子分の数？　ぎょうさんいて、ようわからん」

兵庫県警の捜査員に訊かれて、小西はそう答えを返したという。

一貫して山口組の本流を歩み、最高幹部としてその中枢を担って山菱の代紋を磨き続けてきた存在であった。

そんな小西音松に特別に可愛いがられたのが落合勇治で、落合もまた小西を慕い、「親分のためなら」といつでも命を捧げる覚悟で生きてきたのだった。

その小西の死に、落合は痛惜の念を禁じ得ず、寂寥感もひとしおであった。

かねがね妻のさとみとは、

「親分に万一のことがあったら、オレも身を引いてカタギになる。西行になるよ。そのときは好きな山歩きや魚釣り、鄙びた温泉巡りでもして暮らすか」

と話していた。

落合は、小西音松が引退、もしくは大往生するようなときが来れば、自分もまた、武士を捨てて出家し放浪の旅人となった西行のように、ヤクザ渡世を引退しようとい

う肚だったのだ。落合の心境は、

「取れば憂し取らねば物の数ならぬ捨つべきものは弓矢なりけり」

と薬師寺公義が詠んだ歌そのままで、西行と同様であった。

よもや自分が小西の跡目をとることになろうとは想像さえしたこともなかった。そんな野心を抱いたこともなければ、そもそも落合はそうした出世欲や権力志向などかけらも持ちあわせていなかった。

大頭龍の跡目さえ決して望んだことではなく、落合賢治が急死したことでやむなく引き受けた次第で、落合の志には、「男になりたい」「男でありたい」「男で死にたい」というヤクザの原則はあっても、跡目をとりたいとか権力を握りたいという項目はなかった。

まして小西一家の跡目など論外で、当然ながら小西という天下の名跡を継承するに相応しい人物が二代目を継ぐものとばかり思っていた。それであればこそ、落合は親分の小西に殉じて引退することも本気で考えていたのである。

ところが、山口組有数の大勢力である名門・小西一家は、小西音松という一人のカリスマ親分が死んだことで、にわかに混迷の様相を呈してきた。

7

すんなり決まると見られていた小西一家の跡目がなかなか決まらなかったのは、山口組屈指の名門であり、大所帯であるがゆえの難産であったろうか。

と同時に、小西一家出身の大物山口組直参が、ここへ来てにわかに小西の名跡に色気を見せ、跡目として名のりを挙げたことも混乱に拍車をかけた。

彼は跡目の有力候補と目されていた小西一家最高幹部の堀田政司に対し、

「一本で行ってくれ。山口組直参に上げるから」

と交換条件を出し、自身が二代目を継承すると宣言したのだ。

だが、堀田はこれに対し、

「小西の跡目はもう決まっているから」

と告げたので、驚いて「誰や？」と問うた相手に、堀田が答えたのは「落合」の名だった。

落合にすれば、藪から棒の話だった。事前に何の相談もなく勝手に名前を出されたことで、落合は激怒した。

「冗談じゃない！　若頭のときだって、あれほどあんたたちから要請されたのを、断り続けたじゃないか！」

落合が二度目の長期刑から帰ってきたとき、小西一家の若頭をつとめていたのはMで、落合とは兄弟分であった。落合が三代目大頭龍若頭、Mは小西一家若頭補佐だった時分の盃で、ともに30代であった。

落合は出所してすぐに大頭龍四代目を継承、小西一家直系となり、同若頭補佐に就任した。

Mは若頭の重責を担って苦労も多かったのか、何度も落合に、

「若頭を代わってくれ」

と言ってきたが、落合は頑としてそれに応じず、

「最後までやれ。死んでもやれ！　オレはどんな協力でもするから」

と励ましてきた。

そのMが抗争事件絡みで破門になるや、堀田を始め他の若頭補佐たちが、落合に、

「若頭をやってくれ」

と、静岡まで頼みに来るようになった。それを落合は断り続けた。

それでも彼らは落合に執着し、何度も静岡に来て口説いたが、落合は、

「二度の長期刑つとめて帰ってきたばかりなので勘弁して欲しい。他の人に頼む。誰がなっても、自分は親分と一家のために補佐として支えていくので」

と最後まで首をタテに振らず、結局若頭は別の幹部に決定した——といういきさつがあったのだ。

落合は昔から地位や肩書には恬淡としており、看板にも興味がなかった。喧嘩するときも、「大頭龍の平岡だ」などと自ら名のったことは一度もなく、相手にもそれを求めなかった。肩書も不要であった。

が、相手は10人が10人とも「何々組の何某だ」と看板を出すので、

「おまえなあ、看板がないと喧嘩もできないのか。一対一の男の勝負に看板が関係あるか！」

とつい怒鳴ってしまうことになるのだが、落合が相手に求めるものはただ一つ、

「男か、男じゃないのか」

に尽きた。

ともあれ、堀田に、「跡目は落合」と勝手に名前を出されて落合は嚇怒した。

「オレは絶対にやらん。そんなことを言うなら、いますぐ引退する！」

と声を荒げた。

落合は親分の小西音松に殉じる肚でいたので、小西が亡くなって、跡目が決まれば、その時点で引退する決断ができていた。

だが、二代目が決まらず、揉めている現状を目のあたりにすれば、自分だけが「ハイ、さようなら」というわけにはいかなくなった。初代小西一家若頭補佐の一人として、二代目を決めるという責務を放棄して引退するわけにはいかなくなったのだ。

小西一家の跡目の最有力候補として、衆目の見るところ、同一家総長代行を長年つとめてきた京都在住の宮本組組長宮本浩徳、それに同一家最大勢力を擁する実力派で関東に本拠を置く同顧問の堀政連合会長堀田政司、年齢、キャリアから言ってもこの2人の線は動かなかった。

落合にすれば、どちらが跡目になっても、立派に一家をまとめあげてくれる人物であればそれで良し、どっちでも異存はなかった。二代目は誰であれ、自らは有望な若衆を大頭龍の跡目に据えて、引退する肚づもりだった。

落合は引退したら静岡駅南口近くで囲碁・将棋クラブを開設する計画を立てていた。未成年・学生は無料、大人はほんの気持ちだけ料金を取ることにしたのは、すべて無料にすると、ホームレスの溜り場になってしまうと助言してくれる人がいたからだった。

長い獄中暮らしの賜ものか、落合は囲碁六段、将棋三段の実力の持ち主だった。その腕前で初心者に手ほどきしてあげられれば、少しは地域貢献にもなるのではないか――そう考えていた。

ところが、案に相違して、小西一家の跡目はいっこうに決まらなかった。

2人の有力候補者は、普段から馬が合わず対立を深め、最高幹部会でもたびたび意見が分かれた。議長をつとめる若頭を始め、執行部は堀政派が多数を占め、声の大きい者が多かった。落合も当初は、若頭や堀田との縁もあったので、堀政派と見られていた。

が、落合は是は是、非は非の立場で、横車を押す行為を嫌い、つねに「親分と組織のために」を第一に考えて判断し、両陣営の利害に関係なく、意見を述べた。それは往々にして正論ということで、落合の意見通りになることが少なくなかった。

そのため、宮本は堀田と堀政派に押されて困ってしまうと、

「静岡はどう思う？」

と落合に振ってきた。

両派はどうでもいいような小さなことでも議題にし、一歩も譲らず遣りあうのだが、

落合はそんなときには意見を求められても無視した。大事なときだけははっきりと自分の意見を述べた。その場合、えてして宮本の側のほうに与する意見になったのは、どう考えても堀田側が横車を押しているようにしか見えなかったからだった。

とはいっても、落合にすれば、宮本に味方する気はさらさらなく、どっちが親分・組織のためになることなのか、公平、公正に判断した結果、そういう結論に達したに過ぎなかった。

「代行が言っている通りだと、私も思いますよ」

落合の意見に、当初、堀田始め堀政派の最高幹部たちは、「まさか？……」というふうに唖然とした感じになり、文字通り目を丸くしたものだ。堀政派に近いはずの落合が、よもや宮本に同調するとは思いもよらなかったからであろう。

もとより宮本は大喜びで、以来、事あるごとに、「静岡はどう思う？」と意見を求めるようになった。

それでも堀政派の最高幹部たちは、落合に対して、文句めいたことを言ったり、よそよそしい態度をとる者は一人とてなかった。

落合の過去の凄まじい武闘歴に加え、出所早々、東京・赤坂の中華料理店で行なわれた小西一家最高幹部たちの食事会の席上、

「親分の悪口を言うな！　これ以上言ったらタマ取るぞ！」

と激高した姿を目のあたりにして、彼らは、

「あれにはヘタに触らないほうがいい」

との認識で一致したのであった。

そんなこともあって、彼ら堀政派とは反目の総長代行の宮本以下、舎弟頭、本部長などの宮本派最高幹部の面々は逆に落合に好意を寄せ、何かあるとよく相談を持ちこんできた。

それは大概、堀政派の無理押しに起因して困り果てたときであったから、落合が聞いても理不尽だと思えば、堀田に談じこんでも止めさせたものだ。

堀田にしても、落合の言うことなら不承不承でも聞き入れざるを得なかったのは、損得抜きで自分を勘定に入れていない落合のほうが筋が通っており、自分たちのほうに分がないとの自覚があったからであろう。

小西一家の跡目問題が紛糾する一因を作った大物組長の、落合に対する警戒と怖れも只ごとではなかった。

あるとき、小西一家本部長の栗本が彼の自宅を訪ねることになり、本部から電話を

入れると、

「おおっ、待っとるぞ。誰と来るんや？」

と、すこぶる機嫌の良い声が返ってきた。

「次郎と」栗本が連れの小西一家幹部の名を挙げると、

「わかった。インター降りたら、電話くれ」

と訪問先の相手の声。携帯電話の遣りとりなので、その場――小西一家本部に居あわせた落合にも、逐一聞こえてきた。そこで落合も「オレも行くわ」と急遽参加を表明。

3人で行くことになり、車が訪問先近くに着いたところで、栗本が、

「いま、インター降りたところです」

相手に電話を入れると、

「おお、わかった。待っとるわ。次郎と2人だな？」

と確認してくる。それに栗本が、

「いや、落合の兄弟も一緒です」

と応えた途端だった。

「何～ィ！　来るな！　来たら、こっちも構えるぞ！　橋のところの喫茶店で待って

ろ！」

最前までとは打って変わって、敵愾心もあらわな怒声。これには皆ビックリするやら、ポカンとするやら、わけがわからなかった。

仕方なく3人は、指定された喫茶店で待っていると、敵はなかなか現れなかった。いい加減待ちくたびれたところで、ようようやってきたと思ったら、なんと若衆30～40人を引き連れての登場だった。緊急召集がかかったのだろう。若衆たちはいずれも顔をこわばらせ、硬くなっていた。

彼らの大将は、3人の待つ喫茶店に入店するなりソファーに腰をおろし、落合と向きあうや、

「勇治、おまえ、オレのタマを取るつもりやないやろな⁉」

と、凄みながら第一声を放った。

これには落合も、

〈何を勘違いしているのだろうか、この男は⁉……〉

と内心で呆れもしたが、それより何より、さすがに腹が立ち、

「叔父貴！　なんですか、それは⁉」

と言い返し、相手を睨みつけた。冗談では済まない本気モードになりかけたものだ

から相手若衆たちも身構えて、その緊張はピークに達した。

それを制しながら、相手は落合に対し、真剣な顔で説得するように、

「今度そないなことしたら、生きて出て来れへんぞ」

と言うのだ。落合も、

〈このヤロー！　てめえで勝手に誤解して、勝手に警戒しといて、なんて言い草を……〉

とムッとしたものの、「俠」とは程遠い相手の所作に、鼻白む思いがして、たちまち怒りも消え失せた。すっかりシラけてしまい、寂しさだけが胸中を支配していた。

8

小西一家の跡目が決まった段階で、すっぱりとヤクザ渡世から身を引き、のんびり山歩きや魚釣り、温泉巡りをしたり、地元で囲碁・将棋道場を開設したい——という落合の夢は、どうやら本当に夢のままで終わりそうな雲行きになっていた。

小西音松初代の病死後、その跡目は四十九日の喪が明けても発表されず、一周忌を迎えてもいっこうに決まる様子がなく、落合は渡世を引くに引けなくなったのだ。

小西音松の一周忌法要が神戸・三宮の小西一家本部で営まれたのは、平成15年4月10日午前のこと。この日、落合はもとより、跡目の有力候補である宮本浩徳、堀田政司を始め一家の主だった幹部は全員が本部事務所に集合し、前年4月16日に86歳で病死した小西初代を偲んだ。

跡目は宮本と堀田という2人の有力候補のうち、どちらかに絞るということで、跡目相続の根まわしは水面下で進められてきたのだが、結局いまだ絞りきれていなかった。

この一周忌法要の5日前、4月5日には、山口組の定例会（直系組長会）の席上、「組長の病死で預かりになっている直系組織の跡目について、6月中には、消滅か、直系昇格かを決める」

という通達があったばかりだった。

小西一家は前年9月の山口組定例会において、跡目が決まるまでは岸本才三総本部長の預かりとなることが発表されていた。

果たして名門・小西一家を継承するのは誰なのか、6月中にはハッキリすることを、山口組執行部は4月度の定例会で言明したのだった。

だが、小西一家の後継者争いは6月になっても混沌としたままで、ついに決着を見なかった。跡目候補の一本化調整がつかないまま、同年9月、直系組織としての存続を断念、旧小西一家幹部はその大半が岸本才三の舎弟、あるいは若中の盃を受けて岸本組傘下となることが決定したのだった。

落合も岸本の舎弟の盃を受けた一人だった。山口組の顔ともいえる岸本という親分に接するようになって、落合がつくづくわかったのは、岸本こそ古武士のような人物で、人格的にも男としても心から尊敬できるということだった。舎弟の盃ではあっても、歳が19歳も離れていて、テキヤでいう兄親的な存在であり、落合は敬意をこめて「親父」と呼ぶようになった。

岸本は何かというと、「落合、行くぞ」と落合を連れだし、外で2人きりで酒を飲むのを好んだ。かといって、岸本は落合に何か特別な話をするわけではなかった。ポツリポツリと独り言のようにして話すのがつねで、落合はそれを黙って聴いているだけである。

ときとして岸本は落合相手に、山口組の肝心なところまで踏みこんだ独り言を漏らすこともあって、落合も感慨深かった。

〈親父くらいの立場になると、誰彼となく話はできないし、本音も話せない。オレを信用してこんな話までしてくれてるんだろうけど、親父もそうやって気持ちを整理し

てるんだろうなぁ……〉

改めて岸本の人知れぬ苦労に思いを馳せるのだった。

落合は岸本才三に惚れ込み、ヤクザ人生最後の御奉公を――と、この親分に殉じようと肚を決めたのである。

ところが、折しも山口組は歴史的な大転換期を迎えようとしていた。

平成16年11月28日、山口組総本部において緊急直系組長会が開かれ、「渡辺芳則五代目の休養宣言」が通達されたのである。

さらに翌17年7月、渡辺五代目の引退と司忍若頭の六代目継承が決定、山口組は16年ぶりにトップが交代し、司六代目が誕生したのだった。新若頭には二代目弘道会会長の髙山清司が就任、山口組の新しい歴史が始まろうとしていた。

そして司組長――髙山若頭新体制が強く望んだのは、その名跡が消滅の危機にあった山口組の名門・小西一家の復権で、新たに跡目の最有力候補として白羽の矢が立ったのが、落合勇治であった。

だが、落合は五代目山口組の時代から、その要請を断り続けてきた男だった。

他のヤクザ者からすれば、落合くらい変わりダネもいなかったろう。ヤクザを志した者にとって、山口組でも屈指の名門として知られる小西一家の跡目といえば、なりたくてもなれるものではなく、野心のある者なら、その座に就けるチャンスを、どんなことをしても摑(つか)みとろうとするに違いない。

まして小西一家の跡目ということは、イコール山口組直参への昇格が保証されているわけで、ヤクザ志願者にとってこれ以上の出世コースはないだろう。衆目の認める実力がありながら、まさかそれを断るような欲も野心もないヤクザがいるなどとは、余人には信じられない話であろう。

そんな欲も野心もないヤクザの典型が、落合勇治だった。

だが、そうは言っても落合も、六代目山口組若頭の髙山清司から熱心に口説かれ、さらには「親父」と呼ぶ兄貴分の岸本才三からも、この件で説得されるとなると、

「自分が小西の二代目などとんでもありません。勘弁してください」

と断り続けているわけにもいかなくなった。

「このまま小西一家を歴史のなかに埋没させてしまうわけにはいかんやろ。音松親分の恩義に報いるためにも、歴史と伝統ある小西の名跡を残さなあかん。それには落合、おまえしかおらんやないか！」

そうまで言われれば、いつまでも「私はそんな器じゃありません」と知らんぷりを決めこんでいては、落合の男が廃(すた)るというものだった。

最終的に落合が小西二代目を継ぐ決断をしたのは、六代目の司忍という親分に対して、弘道会会長時代からサムライとして憧れていたことも大きかったし、決め手となったのは、岸本から、

「落合、やれ！」

と背中をポーンと叩かれたことだった。その力の強さといったら、驚くべきものがあった。男意気に感じ、それが落合の胸を打ったのだ。

「御老体なのに、痛いほどの凄い力なんだよ。それで、ああ、こりゃ、やらなきゃいかんなと肚を括ったんだ」

と、落合は後にしみじみ妻のさとみに吐露したものだった。

「良かれと思ってやったことが裏目に出てしまった。落合にはホンマに悪いことしてしもた……」

岸本才三が亡くなるまで口にしたのは、落合に対する慚愧の念だった。

「ワシがヤツを小西の跡目にさえ推さなければ、こんな事件には巻き込まれずに済んだろし、でっちあげられることもなかったやろ……」

岸本は最後の最後まで全身に転移した癌と闘いながら、自身の痛み以上に落合の痛

みに思いを馳せ、その立場に追いやった己を責めた。岸本が口にする落合への痛恨の思いを、晩年の岸本と生活をともにした冴子ママは何度耳にしたことだろうか。

この冴子ママこそは、岸本の数年にわたる闘病生活を献身的に支え続け、その最期を神戸の自宅で看取った女性だった。

神戸・三宮で高級クラブを経営する彼女にとって、岸本との関係は世間で噂されるような愛人というようなものではなく、昔から家族ぐるみのつきあいをしてきた間柄だった。岸本は彼女の亡くなった父親のこともよく知っており、岸本の実の子どもたちと彼女とは中学生のときから同級生、互いの家を行き来するような仲良しだった。

〝バツ一〟の冴子ママは、夫と別れるときも彼をよく知る岸本に相談に乗ってもらったほどで、いわば岸本は彼女にすれば、父親代わりも同然で、実際普段から「お父さん」と呼んでいた。

そんな彼女が店の客として落合と知りあったのは、六代目山口組直参になったばかりの時期で、同若頭補佐の青山千尋と一緒に来店したのが最初だった。何度か来店し、話すうちに、落合は直参になる前は岸本組に所属して「お父さん」と縁があるばかりか、岸本を「親父」と慕っていることを知り、より親しみを覚えるようになった。

落合もママの人柄を愛し、同じ山口組直参の仲間だけでなく、妻や娘と一緒のときもあれば、静岡のカタギの友人を連れて来店することもあった。

「ここには女の子目当てに来てないから。ママの人柄が好きで来るんだよ」

と言って、落合は店では終始リラックスし、酒やカラオケを大いに楽しんだ。性格は陰ではなくて徹底して陽の人でユーモアもあり、誰よりも気遣いのできる落合は、店の女の子たちからも大層人気があった。

落合がママによく話したのは、

「オレは親父が好きなんだよ。ママ、古武士ってわかる？　親父は古武士なんだよ。そりゃ、司忍というサムライを親分に持てたことは最高にうれしかったし、このうえない名誉なことだけど、もともとオレは小西の跡目をとるなんて考えたこともなかったんだよ。オレは岸本組で良かったし、ずっと親父のもとにいたいと思ってたからね」

ということだった。

その気持ちに嘘偽りはなく、いよいよ小西の跡目に指名され、二進も三進もいかなくなったときも、落合は岸本に、

「自分は残りのヤクザ人生、親父のもとで全うしたいと思ってました。親父はオレが邪魔なんですか⁉」

とまで訴えた。それを岸本は、

「せやけど、小西の跡目はもうおまえしかおらんのや。小西を潰すわけにはいかんやろ。助けたってくれんか。おまえの力であそこにビシッと一本筋金を通したってくれ」

と説得したのだが、そこには、なんとか落合を男にしてやりたい、こいつはまだまだ大きくなる男や——という親心（正確には兄貴分ではあったが）があってのことで、小西の跡目に据えることは間違いなく落合のためになること——との岸本の確信があったからに他ならない。

〈それが間違いやったいうことか？……いやいや、そんなことあるかい!?……ワシはヤツのためと思うて……〉

後に岸本は、そのことを何度、自問自答したことであろうか。

突如、落合を襲い地獄の淵へと陥れた「埼玉抗争事件」の顚末を知ったとき、岸本は愕然とせざるを得なかった。

まるで与り知らぬところで起きた傘下の４次団体の抗争事件にも拘らず、山口組直参として組織犯罪処罰法（組織的殺人）の格好のターゲットにされ、司法権力に狙い撃ちにされた落合勇治。出世欲に駆られた検事たちによって、犯行を指示したと巧妙にストーリーを作られ、死刑だの無期だのとさんざん脅されてそれに乗っからざるを得なかった弱い男たちのでっちあげ証言が、いつのまにか証拠としてまかり通る現実。

落合に無期懲役という一審判決が降りたとき、岸本は悪夢を見ているような心地がした。

「――そんなアホなことが……そないな理不尽な話がどこにあるんや!?……ワシのせいや。ワシが小西の跡目にしたばっかりに、落合をこないな目に遭わせてしもた……」

ガックリ肩を落とし、悲痛な面持ちでつぶやく岸本の姿を見て、冴子は胸が締めつけられた。

「あんなええ男はおらん。暴力団と違うで。昔ながらのヤクザや。落合こそヤクザのなかのヤクザや！　いまのヤクザ界には、ああいう男がおらなあかんのや……」

冴子に言うともなく、言葉を振り絞るようにして岸本は繰り返すのだった。

岸本が老齢を理由にヤクザ渡世を引退したのは、平成19年10月のこと。翌20年3月31日、落合が巻きこまれる小西一家と住吉会系組織との〝埼玉抗争〟が勃発し、落合は平成22年1月22日に逮捕される。その初公判が開かれたのは、3年4カ月後の平成

25年5月15日で、落合に組織犯罪処罰法違反（組織的殺人）による無期懲役の一審判決が降りたのは、同年7月18日のことだった。

そのころ、岸本はすでに全身を癌に蝕まれ、骨にまで転移して痛みも半端なものではなく、もはや普通に生活できるような状態ではなかった。というより、車に乗って40分ほどかけて、がんセンターへ治療に行くのが精一杯で、もう躰を動かすことさえままならなかった。

それでも入院せず、岸本用にリフォームした冴子の自宅で療養できたのは、

「病院ではなく、最後は家で死にたい」

との岸本の希望を叶えて、冴子が付きっきりで世話していたからだった。

自分の残された命もわずかと覚っていた岸本にとって、心残りがあるとすれば、落合のことだった。

「あれほど辞退していた小西の跡目に、ワシが無理やり推したばかりに……落合には済まないことをした」

と最後まで悔い、無念さをあらわにした。そのうえで岸本は、

「死ぬ前に一度、落合に会いたい。会って詫びたいんや」

と言い、まわりが、

「東京へ行くなんて、そら無理や！」

必死に止めるのにも耳を貸さず、

「いま会うとかなかったら、落合には二度と会われへん。ワシはなんとしても会いに行くで」

と押し通し、ついには東京行きを強行し、東京拘置所の落合との面会を果たしたのだった。

それは岸本の病状を考えたら奇跡といってよく、体力のギリギリ限界を、岸本は「落合に会わねばならん」との一念、強い精神力だけで乗り越えたのだ。

面会には冴子と落合の妻さとみも同行したが、2人の目にも感動的なシーンが展開された。

「親父、そんな躰で寿命を縮めてまで会いに来てくれたんですか……」と落合。

「……君に謝らなあかんのや。ワシが小西の跡とれ言うたばかりに……」

「何を言ってるんですか。親父が心底私のことを思ってのことじゃないですか」

「落合……」

あとは2人とも言葉にならなかった。ただ黙って見つめあう男と男の頬を、涙が滂沱と流れるだけだった。

山口組四代に仕えた重鎮・岸本才三が85年の波瀾の生涯を閉じたのは、その3カ月後、平成26年1月17日のことである。

9

どれもこれも懐かしい顔ぶれ——とはいっても、歳をとってすっかり見違えて誰だかわからない人も少なくなかった。なにしろ、もういずれも50歳、中学を卒業して以来、35年ぶりに会う同級生だっているのだ。

そのなかに、その人の顔を見つけたとき、アキ子は思わずわが目を疑うほど驚いた。が、紛れもなく彼女のよく知るその人だった。

クラスは違ったが、とりわけ懐かしい男子生徒、男と女を超えて真の友情を交わした、青春そのものといってもいい相手だった。彼はすぐにそれとわかるほど昔の面影を残したままで、若々しく、さほど変わっていなかった。

アキ子は後ろから彼のもとに近づくと、ポンとその背中を叩いた。振り返った相手に、

「憶えてる？」

と訊くと、

「おお、アキ子か」

ニッコリ笑って応えるしぐさも昔のままだった。

「まさか平岡君が来てるとは思わなかったから、ビックリしたわ」

「うん、オレも呼んでもらえるとは思わんかったんで、うれしかったよ」

旧姓平岡益幸――落合勇治その人であった。まだ暴排条例も先の話で、ヤクザに対して、世の中もさほどうるさくなかった時代である。

平成9年夏のことで、この年1月に岐阜刑務所を出所したばかりの落合は、静岡市内の結婚式場で開催された母校・大里中学校の昭和38年3月卒業組の3学年時の同期会に出席していたのだった。

昭和22年生まれの落合たちは、団塊の世代の典型で、彼らの学年は1クラス50人前後、それが16クラスもあって生徒数800人を超える大所帯であった。この日の同期会の出席者は200人近かった。

アキ子は落合の出席がことのほかうれしかった。中学のときから番長として知られた落合が、卒業後ヤクザになったことは、同期生なら誰もが知る事実であったろう。それをなんら問題にせず、声を掛けた幹事たちの〝英断〟に感謝したかった。

アキ子が静岡のよその地区から大里中学校に転校してきたのは、中学3年の1学期のときだった。

アキ子は前の中学校で、禁止されていたアイドルの歌謡ショーを見に行ったのが学校にバレて、転校せざるを得なくなった。いわば問題児。大里中学校に転校してきて友人もなく、何かと心もとないアキ子に声をかけ、親しくしてくれるようになったのが、当時の同学年の平岡少年、のちの落合勇治だった。

アキ子も女子生徒のなかではナンバー1のツッパリ、落合とはどこかで通じあうところがあったのだ。アキ子から見た落合は惚れ惚れするほど男気があり、やさしい男だった。

不良とはいっても硬派一辺倒でよく喧嘩をしたが、弱い者に手を出したり、自ら喧嘩を売るような真似はしない男。弱い者を助けて強い者を挫き、つねに人の分まで喧嘩を買い、人のやったことまで自分が背負ってしまう男が落合だった。

アキ子が中学を出てから何年、何十年と経ってその時代を振り返ってみても、真っ先に思い出されるのは落合のことで、青春の1ページとしてこのうえなくいい思い出しかなかった。3年生の1学期からわずか1年間の在籍でしかなく、しかもクラスも違っていたのに、よくつるんで遊び、落合がペダルを漕ぐ自転車の後ろに乗ったことも、まるで日活青春映画のように思い出された。

それでいて、落合は中学柔道部の主将をつとめ、高校生や大学生とともに県の強化選手に選ばれるほど柔道も強かったので、その時分、落合が、

「柔道で引っ張られて警察官になるか、それともヤクザになるしかないかも」

と話していたのを、アキ子はつい昨日のことのように鮮やかに憶えていた。

中学を卒業すると、同級生はそれぞれ進路が違って皆離れ離れになり、アキ子はもう落合と会うこともなかった。というより、落合は3年の2学期の末に登呂遺跡で喧嘩沙汰を起こして初等少年院行きとなり、卒業式にも出席できず、そのときから会えずにいたのだ。

アキ子は中学卒業後、高校進学はせず、静岡市内で働いていたが、その後しばらくして静岡を離れ、兄のいる富士宮へ移ることになった。

当日、アキ子は誰にも知らせず、1人で静岡駅に赴いたが、駅には富士宮から兄が迎えに来ていた。

2年にも満たない静岡暮らしであったが、アキ子にとって、いい印象しかない静岡を去るのは一抹の寂しさがあった。富士宮行きの列車に乗り、発車を待っていると、果たしてホームから「おーい、アキ子」と知った声がする。窓からホームを見ると、

落合だった。ワル仲間3人が一緒である。

「あれっ、平岡君、どうしたの？」

「うん、静岡離れるって聞いたから」

「へえ、見送りに来てくれたんだ！」

アキ子に少なからぬ感動があった。他に誰も見送りになんか来てくれてないのに！

……──と。うれしかった。そんなやさしさを誰より持ちあわせた男が、アキ子の知る落合だった。

やがて発車のベルが鳴り、列車はホームを離れだした。

「ありがとう。平岡君のお蔭で楽しかったよ、静岡の暮らし」

「おお、元気でな。また会えるときがあるだろ」

──それから2人が再会するのは、20年後のことである。アキ子が静岡市西門町で雇われママとして働くスナックに、いきなり落合が訪ねてきたのだ。

落合は山口組小西一家大頭龍落合一家の若頭という肩書を持つ男になっていた。

アキ子は18歳のとき、静岡市に勤務するサラリーマンと結婚し、再び同市で暮らし始め、自らもずっと夜の酒場で働いてきた。

「久しぶりだな」

「20年ぶりよ」

互いに35歳になっていた。落合は前年に最初の長期刑から帰ってきたばかりだった。それからちょくちょくアキ子の店へ顔を出すようになったのだが、落合は間もなくして、

「もう会えなくなるかも知れないなあ」

と漏らした。

「えっ、何かあるの？」

「うん、まあな、オレたちはそういう稼業に生きてるから」

「ふーん……けど、勇ちゃん、もういいんじゃないの、組のために充分尽くしたんだから……」

このころアキ子は、落合を「平岡君」ではなく「勇ちゃん」と呼ぶようになっていた。彼女は落合が起こした前の事件のことも、新聞や人伝てに聞き、概要は知っていたのだった。

「そうは言っても、オレの立場ではそういうわけにはいかないんだよ」

長いつとめから帰ってきたら、大頭龍は小西一家傘下となっていて12人の小西直参が誕生、東海連合を結成したものの、内輪で熾烈な権力闘争が起き、抜きさしならぬ

状況になりつつあったのだ。落合もそうした空気を敏感に感じとっていた。

そんな落合の予感は現実のものとなって、「宮ヶ崎事件」が勃発、落合は再び長期服役の身となったのである。

アキ子が大里中学校3年時の50歳の同期会で落合と再会し、その背をポンと叩いたときには、それから14年の歳月が流れていたのだった。

「変わらないなあ、アキ子は」

「何を言ってるの。もうすっかりバアさんよ。勇ちゃんこそ、変わってないねぇ。若いわ」

「オレは歳がとらないとこでずっと暮らしてきたからな」

「あそこは時間が流れてないとこなの？」

「そうなんだよ。オレは成人してから以降、むこうが長くて、こっちはまだ3年。だから本当の年齢は23歳だよ。それより、御亭主とは仲良くやってるのかい？」

「おかげさんで円満。念願の自分の店も持てたし……〝お街〟じゃなく、駅南のほうなんだけどね。どうにかやってるわ」

静岡市に住む人が「お街」というのは、葵区にある市役所周辺の繁華街のことだった。

「へえ、そりゃあよかった。今度行かせてもらうよ」

その言葉通り、10日もしないうちに落合はアキ子の店を訪ねてきた。カウンターとテーブル席が3席ほどの小さな店だったが、気っぷのいいアキ子のママ人気もあって、店は常連客で賑わっていた。その日から落合も店の常連客となり、しょっちゅう寄るようになっていた。

店に来るとき、落合は若い衆を誰も連れて来なかった。ときにはカタギの友人や妻のさとみが一緒、あるいは娘を連れ家族で来店することもあったが、大概は1人だった。カウンターの端の定位置も決まっていて、この店が落合にとって渡世を離れた息抜きの場、安らぎの場となったのだ。

店の客は誰も落合のことをヤクザと知る者はなく、落合もそう見えないように極力気を遣っていた。他の客がカラオケを歌えば、皆と一緒に拍手をするし、それらしい素ぶりなどみじんも見せなかった。それでなくても落合は、カタギ相手に違和感や恐怖感を与えたりすることなく、ごく普通に話のできる男だった。というより、相手が誰であれ、ざっくばらんで気どったところはかけらもなく、彼ほど人から好かれるタイプもいなかったろう。

落合が初めて妻のさとみを店に連れてきて彼女を紹介されたとき、アキ子が、

〈えっ、ウソ？　この人が？……〉

とつい思ってしまったのは、彼女にはまるでそうした雰囲気がなく、どこにでもいる普通の奥さんとしか感じられなかったからだ。実際つきあっていくうちにわかるのだが、さとみはその通り、映画のような姐さん像からは程遠く、一般のカタギの奥さんと何ら変わらない女性だった。これにはアキ子も、

〈いいなぁ！　なるほど、やっぱり勇ちゃんが選ぶ女性だなぁ……〉

としみじみ思ったものだ。

そんなアキ子にとって、店に来れなくなって久しい落合の不在は何より寂しかったが、別の感慨があったのは山口組分裂騒動のときだった。騒動の勃発を知って、アキ子が真っ先に思ったのは、

〈ああ、勇ちゃん、獄中にいてくれてよかった――〉

ということだった。

〈勇ちゃんの性格じゃ、絶対自分が悪者になっても突っ走りかねない。損しようが何しようが、自分でなんでもやっちゃうのが勇ちゃんだから……〉

と本気で心配したのである。落合の性分を知り抜いている同期生であればこその懸念であったのだろう。

10

静岡市の衣服関連会社に勤務するサラリーマンの「ヒデちゃん」こと佐藤秀之が、落合と知りあったのは飲み友だちの女性を通してのことだった。そのとき、ヒデちゃんは38歳、落合は二度目の長期刑から帰って5年目、54歳になっていた。

ヒデちゃんの飲み友だちは良恵といい、落合夫人さとみの親友であった。良恵を通してヒデちゃんは、彼女たち仲良しグループの女子会（飲み会）に誘われるようになり、すっかりいい飲み友だちになっていたのだ。

そんな暮れも押し迫ったある夜のこと、忘年会で飲んでいたヒデちゃんは、例によって彼女たちから、

「いつものメンバーで飲んでるから来ない？」

と誘われ、「お伺いします」と駆けつけることになるのだが、店のカウンターに、常連メンバーではない男性が座っていた。

一般男性とは明らかにオーラが違うので、ヒデちゃんはピンと来た。

〈ああ、このかた、もしかしたら、さとみさんの御主人かな？〉

と思っていると、案の定、さとみが、

「ヒデちゃん、うちの主人」

と紹介してくれたのだった。

「どうも初めまして」

初対面の挨拶を交わしたが、ヒデちゃんはその夜も女子グループといつもと変わらぬ楽しい酒を飲み、談笑し、歌いあって過ごした。

それから数日後の夜、ヒデちゃんの携帯電話が鳴り、見ると、未登録の番号が並んでいた。

「ヒデちゃんか？」

「ハイ」

「この前はありがとう、あんまり楽しかったんで、また一緒に飲みたいんだ。出てこないか」

落合からだった。初めてヒデちゃんと酒を飲んだ先日の夜がよほど楽しかったと見え、本人から直接の誘いの電話だった。

ヒデちゃんとて、初めて会ったその日のうちに、落合にはすっかり魅了されていたので、否（いな）やはなかった。落合はヤクザであっても、ヒデちゃんのようなカタギの人間に対して、まるでらしからぬ所作で接してくれるし、何より気さくであった。

落合が告げてきたのは、両替町の韓国クラブだった。

その店に駆けつけたヒデちゃんが驚いたのは、落合と一緒にいるのは眼光鋭い人ばかり、醸し出す雰囲気も明らかに違っており、どうやら親分衆の集まりであるようだった。

「ヒデちゃん、呼び出して悪かったな。2次会なんだ。気楽にやろう」

「ハア」と応えたが、カタギはヒデちゃん一人だけ、とても気楽に酒を飲める空気ではなく、彼は引き攣り笑いを浮かべた。

かくてその夜は楽しい反面、ビビりまくって過ごしたヒデちゃん、帰る際、

「落合さんと飲むのはとても楽しいので、ぜひまた飲みたいですが、次回からは仕事抜き、プライベートでお願いします」

と訴えたものだから、これには落合も笑いながら、「おお、そうだな」と応えた。

こうしてヒデちゃんは落合とも飲み友だちとなったのである。

ヒデちゃんが落合とつきあって感じたのは、その人間的魅力で、それはヤクザとかカタギということに関係なく、ともすれば、落合がヤクザの親分であることも忘れて

しまいかねないほどで、

〈ああ、この人はきっとサラリーマンでも成功しただろうな〉

と思わずにいられなかった。

ロシアなどの外国人ホステスが大勢いるクラブで飲んだときのこと。女の子から、

「何の仕事をしているんですか？」

と訊かれた落合、ニコニコ笑って、

「プロレスラー」

と答えたものだが、彼女は落合の筋骨隆々の躰を見て信じきっていた。

その帰り、エレベーターが客と見送りのホステスたちでギュウギュウ詰めになったとき、落合はヒデちゃんの手をとるや、それをやおらロシア女性のお尻にあてがうのだ。キャッと笑う女の子と困ったような顔のヒデちゃん——その双方の反応を見て楽しむのが落合で、そんな茶目っ気も持ちあわせている男だった。

ヒデちゃんは落合と飲むとき、たまに彼の若い衆とも酒席をともにすることがあった。今度の埼玉抗争事件の立役者となり、検事とともに落合の冤罪をこしらえた梶早俊次とも何度か一緒に飲んだ。

が、ヒデちゃんは彼に対してあまりいい印象を持っていなかった。その言動が楽し

く飲んでいるみんなをシラケさせることが少なからずあったからだ。

ある夜、落合が梶早に対して、

「おまえ、何やってんだ！」

と怒ったのは、梶早がヒデちゃんのグラス一杯に焼酎のストレートをドボドボ注いでいるのを見たときだった。それが二度目の無理強いであったので、ヒデちゃんも救われる思いがした。

店の女の子に対しても、

「おまえ、誰のカネで飲んでると思ってるんだ⁉」

と言うような男であったから、決して粋な客ではなかった。

だから、梶早の偽証によるという今回の落合の冤罪事件を聞いたときも、ヒデちゃんには、〈ハハーン〉とつくづく合点がいくところがあったのだった。

静岡市内で韓国料理店や韓国クラブを経営するＩママが、落合と知りあったのは、彼が二度目の長期刑をつとめ終え出所して間もなくのころだった。

出会いは最悪だった。韓国クラブに客として来た落合と揉め、喧嘩になったのだ。ささいな誤解がもとで、ママはキャンキャン怒り落合に食ってかかった。

ママの酒癖の悪さは客にはよく知られていたのだが、初めての落合はそれを知らず、さすがにその見幕に驚いた。

そんなことがあったのに、数日後、再び店に顔を出した落合を見て、

「あれ、どうしたの？」

「ママが怖いから、今日は女房を連れてきたよ」

「へえ、そうなの」

落合は本当に妻と一緒だった。この夜から、ママは落合と大の仲良しになってしまったのだ。

若いときに韓国から日本にやってきたママは、それまでヤクザに対していい印象を持っていなかった。韓国のヤクザ（カンペという）同様、日本のヤクザも弱い者をいじめたり、カタギを脅したりしている連中というワルのイメージしかなかった。

ところが、落合を知ってからはそのヤクザ観が１８０度変わった。かえって普通の人より気持ちが温かく、弱い人には弱く、強い人には強いのが落合というヤクザで、ママは「会長」と呼んでいる落合に対し、

「会長のおかげでまるで知らない日本人の世界を知ることができたし、まるで違う世界を見ることができたわ」

と吐露したものだ。

それでも当初は常連客も、１人で店に来る落合をヤクザと知って怖れ敬遠し、早目に店を切りあげる者もいたほどだった。が、店で接触するうちに、落合は世間でイメージされるようなヤクザとは全然違うことがわかりだした。

落合も人間が好きで、カタギの人たちに興味を示し、いろんな客と話をしたがった。店に来る銀行マン、会社社長、タクシー運転手……といったさまざまな職種の客と一緒に飲んだり話をするのが好きだったのだ。

そのうちに客のほうも、ヤクザとわかっていても、

「あれ、今日は落合さん、いないの？」

「会長、来てない？」

と進んで落合と飲みたがるようになった。

「今日はもう帰りましたよ」

と告げると、

「ああ、そりゃ残念。いりゃ楽しかったのに……」

とガックリし、まるで落合目当てで店に来たような様子の者もいるほどだった。それほど客の間で落合の人気は高かったのだ。

ママ自身、いつか自分を含め店の女の子たちが落合を接待しているのではなく、逆に客であるはずの彼から接待され愉しませてもらっているのではないか――との錯覚に陥りそうになっていた。

そんな不思議な魅力を持った男が落合だった。

ママも、酒癖の悪い自分と、とことん酒をつきあい親身になって話を聞いてくれる落合の顔が見えないときは寂しく、神戸に行っているとわかれば、その帰りが待ち遠しかった。

それが今度のような事件に巻きこまれ、落合が社会不在を余儀なくされたのは到底信じられず、ママには悪い冗談としか思えなかった。東京拘置所へ面会に行っても、落合の様子は普段と少しも変わらなかった。

「なあ、ママ、頼みがあるんだけど……」

「なあに？」

「もう酒は止めなさい」

「………」

そこには、この期に及んでもなお自分のことより人のことを心配する落合がいて、それはいつもの見慣れた姿でしかなかったから、2人の間に隔てられた壁があることも、ママはつい忘れてしまいそうだった。

11

落合の生まれ育った清水区但沼町の実家の菩提寺である東壽院住職の曦宗温が、落合勇治と出会ったときの印象は強烈だった。

初っ端は兄弟喧嘩であった。その凄まじい迫力に度肝を抜かれ、つい軍隊さながらだった自らの寺の修行時代のことを思い出し、忘れていた血の滾りさえ覚えたほどだ。

それは平成17年7月、56歳の若さで病没した落合の2歳下の妹・純子の通夜の席だった。兄3人、姉1人、妹1人の6人兄弟の四男である勇治にとって、純子はたった一人の妹、その通夜には事故死した次兄の多吉を除く4人兄弟が久しぶりに顔を揃えたのだ。

が、どうしたものか、通夜に駆けつけたときから、勇治は怒りもあらわにしていた。その怒りが爆発するのは、通夜のお清めの席だった。酒が入って感情を抑えられなくなったのか、

「兄貴たちはいったい何してたんだ!?」

落合は兄たちを怒鳴りつけていた。

妹が孤独死のような形で、一人ひっそりと死んでいったことに対して、兄たちはなぜもっと早く気づいてなんとかしてやれなかったのか。また、当初、葬儀をせずに内々で荼毘に付すことも考えていたという兄たちのことを耳にして、落合は、

「それではあまりに純子が可哀想だろう?」

と強い憤りを見せたのだった。

「オレは大頭龍から小西一家になって、いままで見たこともないような身内の人間がいっぱい増えたけれど、そうした若い衆の親や家族が亡くなったら、葬儀はきちんとやってあげてる。それは人として当たり前のことじゃないか。まして自分らの妹のこと。その葬儀をやらないなんて考え、いったいどこから出てくるんだ!?」

多分に誤解もあったのだが、落合の怒りは激しくなり、兄弟喧嘩は次第にエスカレートしていった。

その兄弟喧嘩には馴れあいモードは一切なく、どれほど迫力あるものか、何度か見て知っている妻のさとみにすれば、さして驚く事態でもなかったが、初めて目のあたりにする宗温和尚にすれば凍りつくような光景であった。

いまにも摑みかからんばかり、殴りあわんばかりになって、住職があわてて、

〈これはいかん。見てる場合じゃない。止めなきゃ〉

勇治の腕を押さえ、止めに入らなければならなかった。

「やめてください！　純子さんはちゃんと葬いさせていただきますんで！」

と必死の思いで訴えた。

落合兄弟はヤクザになった勇治だけが一人血の気が多いのではなく、皆が似たような気性であったから、和尚が止めに入らなければ喧嘩は収まらなかったろう。

和尚の性根を据えた仲裁が奏功し、なんとか兄弟喧嘩は収まったものの、勇治の腹立ちはなお収まらず、

「オレは明日の葬儀には出ないから！」

と言うので、和尚が、

「そんなことを仰らずにぜひ来てください」

説得するのだが、落合は応えず、そのまま引きあげてしまった。

だが、その夜、通夜の読経を終え、市内の葬儀場から但沼町の寺へ帰った宗温住職に、落合から電話が掛かってきた。

「和尚、明日、オレに葬儀出ろって言ったよな」

「はい、ぜひ来てください」

「よし、あんたの顔を立てよう。出るよ」

兄たちと喧嘩をし、ついつむじを曲げ、変な意地を張って葬儀に出ないと言ったものの、落合にすれば、愛する妹の葬儀に出たくないわけがなかった。いや、服役中、マメに手紙をくれた妹のためにも、何が何でも出て、きちんと野辺送りをしたかった。もともと落合が腹を立てたのも、妹のことなのに当初、公に葬儀をせずに済まそうとした兄たちの了見に対してであり、何事も筋やけじめを第一義に考える落合にはそれが許せなかったのだ。

そんな落合の気持ちを痛いほど知ることになって、宗温住職も胸が熱くなった。

〈ああ、なるほど、そういう人なんだな。そのまま何事もなく葬儀をやって、お互い穏便にナァナァで適当に済ますこともできるはずなのに、そういうわけにはいかない――と、兄弟で本気になって喧嘩する。ハァ、凄いものを見せてもらったなあ。理屈でどうこうじゃない世界って、まさしくあるんだなぁ……〉

と思わずにはいられなかった。

宗温住職と落合との交流が始まったのはそれからである。妹・純子の四十九日忌、一周忌、三回忌法要と続いて顔を合わせる機会も多くなり、落合が東壽院を訪ねたり、住職の家族が落合宅に招かれることもあった。

落合宅には部屋住みや当番、あるいは総長付の若い衆がいつもいて、客の応対にあたっていた。住職から見ても、彼らは同世代の一般の若者たちよりはるかに礼儀や立ち居振る舞いはきちんとし、話しかたもきびきびしていた。

若い衆に対する落合の躾の厳しさも相当なもので、悪いところが目につけば、落合は容赦なくその場で注意し、場合によっては「バカヤロー！」と叱りつけた。

和尚が肌で感じたのは、若い衆に対する落合の愛情の深さで、彼らを一生懸命育てようとしている姿勢がありありと窺えるのだ。

落合は和尚に、

「こいつらをなんとか一人前に育てないことには、私は死にきれない。どこまでも男らしく、どこに出しても恥ずかしくないような男として、この世界で伸びていってもらいたいと思ってるんですよ」

と述べるのだった。

住職が、強烈な出会いとなった初対面のときから、落合に感じたのは、おっかない人ではあるけれど、嘘やごまかしのない純粋な人だな――ということだった。と同時に、失礼ではあるけれど、なぜか、可愛い人だな――との印象を持った。

後に、さとみ夫人から結婚式のエピソードを聴くにつけても、その思いは強くなった。

披露宴が始まる直前、落合は控え室で、どうでもいいことで義母となる新婦の母と口喧嘩となった。それぐらい遠慮のない間柄となっていたことの証しでもあろうが、なんとその母子、披露宴の最後、花束贈呈となったとき、今度は感激のあまり、2人してポロポロ涙を流しだしたという。これにはさとみも、さっきまで口喧嘩していたくせに――と、微苦笑せずにはいられなかった。

住職から見ても、ともかく一本気、ピュアな人なのだった。それは初対面で目のあたりにした兄弟喧嘩に象徴されているといってよかった。

普通なら腹に何かしこりを残しながらも、兄弟が何事もないかのように葬儀を済まし、ナアナアで終わらせるのが世間一般というものであろう。

だが、落合にはそれができないのだ。本気になって怒り、喧嘩する。実の兄弟だからといって手加減なく、いや、兄弟であればこそ、とことん喧嘩しようとする。

そして感動すればポロポロ涙を流す。

親分絶対の世界に生き、それを忠実に守って命を賭けて忠誠を尽くし、笑って長い懲役にも行ける男。

親分の司忍六代目が下獄したとなれば、

「お祝いなどやってられない」

と自分の還暦祝いもとりやめてしまう男。

その親分が出所するのと入れ違いに自分が獄中の身となって、六代目から手紙をもらったとき、

「親分から手紙をいただいた！」

と、面会に来た妻に告げる顔は、彼女から見ても、まるで子どもが喜んでいるようなそれであったという。

およそ30年余、人生の大半を獄中で過ごしてきたのも、私利私欲での服役は一度となく、すべて渡世上の義理のためであった。ましてただの一度も若い衆を懲役に行かせたことはなく、悉く親分である己が自ら率先して実行してきた結果なのだった。

それがこともあろうに、今回の事件では、若い衆に「行け！」と命じて襲撃させ、殺しまでやらせておきながら、「オレは知らん」とシラを切っている卑劣極まりない親分——として、およそ落合が最も嫌い、その生きかたとは真っ向から相反する最低の男に仕立てあげられているのだから、無念このうえなかった。

そんな落合を知るにつけても、

〈なんて生きかたが無器用な人なんだろう……〉

と思ってしまうのは、宗温住職一人だけではなかったろう。

第四章　上告棄却

1

平成20年3月31日に勃発した「埼玉抗争」において、二代目小西一家系組員らが住吉会系組員を射殺した事件で、その〝首謀者〟とされた落合勇治。平成25年7月に無期懲役の一審判決が出て、落合はすぐさま控訴したが、公判日程はなかなか決まらなかった。平成27年3月——と、いったんは初公判の日程が決まったものの、直前で取り消しとなっていたのだ。

紆余曲折を経て初公判を迎えたのは、平成27年8月31日のこと。一審判決から実に2年1カ月を要していた。

最初の初公判の予定が半年近くも延期となったのは、弁護団が「切り札」を握ったためであった。

初公判は弁護側、検察側の書面の遣りとりなどで終了し、実質的な審議に入ったのは9月28日の第2回公判からだった。

この日、東京高裁429号法廷では、午前と午後に分けて2人の証人が証言台に立った。今回は弁護側証人として出廷した2人、なんと一審ではいずれも検察側証人として出廷し、落合の事件への関与を証言していたのだ。

午前の法廷に出廷したのは、小西一家五代目大頭龍落合一家元幹部の床年也だった。一審では抗争の発端となった刺殺事件直後の小西一家本部での出来事を証言。その内容も、早朝に呼び出された床は、伊藤誠二本部長の指示のもと埼玉県内の住吉会系組事務所の住所を調べ、その間に伊藤は席を外して携帯電話で上位者らと通話し、また別人物にも、

「ストップがかかる前に結果を出せ」

と命じていたとするものだった。

つまり、落合総長の指示を仰ぎ、小西一家全体として報復先を探していたことを裏づける証言をしていた。

ところが、控訴審では一転して、床は、

「住所を調べたのも、何もしないわけにはいかないので、手伝った程度」「住所のリストはすでにあった」「本部長が席を外して電話していたのは事実だが、その相手まではわからない」

と証言を翻したのだった。

それは渡世上の親であり、中学の先輩でもあった五代目大頭龍落合一家元組長の梶早俊次（かじはやしゅんじ）から、「警察・検察に協力するように」との指示に従い、彼ら取調官の言う通りに、「嘘や大げさに言った」もので、法廷では、

「検察と入念に打ち合わせして、筋書きに沿った証言をした」

と述べたのである。

午後の法廷の証言台に立った未岡共次（みおかともつぐ）も、梶早の中学の後輩で大頭龍の幹部、総長付として落合の「お付き」をしていた。刺殺事件当日、神戸行きをとりやめた落合が名古屋からUターンして向かった伊豆の別荘にも、未岡は同宿している。

一審では、同日午後11時ごろ、落合が若衆部屋に来て、

「おまえら、よく冷静でいられるな。悔しくないのか」「上に頼んで報復（カエシ）の時間を延ばしてもらってるんだ」

などと声を荒らげ、報復できていない苛立ちをぶつけられ、末岡はあわてて知人に電話をして情報収集を開始したと証言していた。

だが、控訴審では、その証言について「事実ではありません」ときっぱり言い切り、「若衆部屋に総長が現われた事実はありません」と180度転換してしまったのだ。

末岡がでっちあげ証言をしたのは、逮捕された梶早の面会に行った際、当時はまだ落合の関与を否認していたので、検事から、

「喋らないと無期になる」

と暗に脅されているという梶早の言を聞き、その後、梶早と何度も面会や手紙の遣りとりをするなかで、末岡の逮捕も仄めかされ、

「起訴にはならないから、逮捕されたら警察・検察に協力してくれ」

と頼まれ、それに従ったものだったという。

また、証言を覆した理由について、梶早の手紙や、その内妻から、「自分も真実を話すから協力してくれ」と連絡があり、自らも嘘を言ったことを心苦しく思っていたからだ――と証言した。

その梶早からの手紙については、検察側の反対尋問でも触れられ、検事と末岡との

間でこんな遣りとりがあった。

――その手紙には何と書かれていたのですか？

「『虎を檻から出すことにした』と書かれていました」

――虎とは誰のこと？

「総長だと思いました」

つまり、「裁判で真実を述べ、落合総長が無実であることを証言しよう」という意味に捉えたとするものだった。

そのとき、末岡がチラッと視線を向けた先の被告人席にいたのは、落合勇治だった。グレーのスーツにノーネクタイ姿、一審判決から2年2カ月ぶり（控訴審初公判は出廷せず）の出廷であった。

第2回公判は冒頭から驚きの展開となったにも拘らず、落合は終始ポーカーフェイスを保ったままだった。この日も正面を見据え、ときにメモを取りながら証人たちの言葉に耳を傾けていた。

その表情はいつも通り、何ら動揺した素ぶりも心動いた様子もなく、その心の内を読みとることは誰にもできなかった。以前と変わらぬ落合の姿があったのだった。

「私は落合さんの裁判で虚偽の証言をしました。検事の指示に従い、自分の刑を軽くするため、落合さんを事件の首謀者にでっちあげました」

10月5日の第3回公判に出廷し証言台に立ったキーマン・梶早俊次の口から飛び出したのは、超弩級の爆弾証言だった。

「そう言わないと、検事から『無期懲役とか懲役30年の重い罪になる』と脅かされた。調書は検事の筋書きに沿った、虚偽の内容でした」

ジャージ姿の梶早。自分のなかで吹っきれるものがあったのか、この日は一審のときと違って、証言は淀みなく、やや饒舌(じょうぜつ)ぎみでもあった。

検察の筋書きに協力した理由も、

「落合さんが自分に罪をかぶせようとしている」

と聞かされたからで、当時、梶早は落合を憎んでいたという。

検事の意向に従った見返りであったのか、勾留中は検事から特別な便宜を図ってもらっていたことも証言。

子どもに会いたいと言えば、家宅捜索を強行して梶早を立ちあわせ、面会させてくれる。

「地検では、取調べのたびに豪華弁当や吉野家の牛丼、マクドナルドのハンバーガーのどれかを買ってもらって食べた」

「検事室では煙草をもらって吸い、珈琲も飲ませてもらった」

　検事を通して本の差し入れも融通が利き、面会時間もたっぷり1時間とってもらえた。留置施設では朝6時から1人で1時間くらい風呂に入っていたという。

　それどころか、株取引の便宜を図ってもらっていたと言い、検察事務官を通して内妻に、売買する株の銘柄、金額を指示するメールまで送信していたというのだ。この証言の際、弁護人は動かぬ証拠として、そのメールの中身を開示した。

《○○（社名）という会社の株三千あるはずだが、月曜日1株500円以上なら全部売ってほしいとのことでした》（平成25年6月14日）

《確認したいことが。まず、△△（社名）の株は買いましたか？　という点》（同7月2日）

　といったメールであったという。

　さらには検事から、

「供述で協力してくれれば求刑を12年にしてあげる。約束を破ったら検事を辞める」

と言われたことも明かし、求刑が18年だったので、「約束が違う」と抗議すると、

「それでは皆が納得しなかった」

との答えが返ってきたことも証言した。

服役する刑務所も「好きなところにしてやる」と言っていたのに、行きたくなかったところになるなど、検察に対する恨みも募らせていたという。

つまりは、検察側の脅し、便宜供与、そして司法取引による、警察・検察の筋書きに合わせたでっちあげの調書・一審証言であったことを、梶早は控訴審の法廷で白日のもとにさらけだしたのである。

この控訴審での証言以前に、すでに梶早は高等裁判所宛に提出していた陳述書でこう述べている。

《私は落合さんからも伊藤（誠二・小西一家本部長）さんからも返しの指示など受けていませんでした。私は実際には事件当日、上城広道さん（小西一家若頭補佐）から埼玉に行くぞという電話を受けて埼玉に行くことにしたのです。当日朝に落合さんからの電話で「行けぇ〜」と言われたと証言しましたが、普通に「来い」と言われただけなのです》

《私としては堀政連合の事件だが、上城広道さんにも埼玉に行くぞと言われ、大島（小西一家若中、大頭龍本部長）も埼玉に向かうと聞いたので、一緒に行って応援している姿勢を示すために、自分の判断で落合さんの電話の指示には反するが、私に義

侠心があるとして内心褒めるのではないかとも考えました》

それでは梶早は、どうして虚偽であったとして一審証言を覆す気になったのであろうか？

《落合さん、伊藤さんへの判決を聞き、毎日、虚偽の証言をしたことの恥ずかしさと後悔と苦しみがどんどん大きくなっていくような気がしてなりません》

《いつかは本当の話をしようと思っていました。そして必ず弁護士が私の務めている刑務所へ調べに来る。そのときは全てを話し、検事がしたことも話そうと決めていました。検事は本当に信じられないくらい、たくさんの違法なことをして、この事件を作り上げ、私も協力しました。私の話は全て本当です。調べてさえもらえれば多くの証拠が出てきます》

かくて梶早は、肚を据えて、落合の控訴審での証言に踏みきったのである。

2

梶早が「本当のことを言おう」と決断したのは、いよいよ良心の呵責に耐えかねたことにもよるが、ずっと心にひっかかっていたことがあり、それがここへ来てズッシり重くのしかかるようになったのだ。

それはまだ刑が決まっていなかった時分、さいたま拘置支所へ面会に来た小学生の息子から、

「パパ、ずっと前にワカのお父さんちに行ったら、ワカのお父さん泣いてたよ。パパはバカだ——って」

と言われたことだった。

ワカとは愛犬家の落合が飼っていた犬の名で、「ワカのお父さん」とは落合のことを指した。

〈あの親父がオレのために泣くなんて……〉

梶早には信じられなかった。落合は子飼いの梶早に対して、誰よりも厳しく接してきたから、梶早にすれば、落合は鬼より恐い親分であった。何か不始末をしでかせばきつく叱責され、〝焼き〟を入れられることもしょっちゅうだった。

そんな落合に対して、梶早は誤解していたこと、それも検事にさんざん吹きこまれ、そう仕向けられたせいであることもわかってきたのだ。

また、子どもの母親である内妻からの手紙に、

《子供にはいつも「人の悪口を一つ言ったら自分に二つ返ってくる。良いことをした

り、助けてあげたり、優しい言葉をかけたりしてあげたら、それが倍になって返ってくる。色々な意味で悪いことも良いことも自分に返ってくる」と教えます。立派な大人に育てます》

とあったことも、梶早の背を押したのだった。

一方、落合にしても、「早くに梶早を切っていれば、こんなことにはならなかったはずなのに！」とは、梶早という人間を知っている者の誰からも指摘されることだった。

落合自身、梶早の未熟さや非常識なところは誰よりも知っており、その時分の悩みの種でもあった。埼玉抗争が起きた前年の5月には、小西一家執行部で総長付という立場にありながら組織を逃げ出すという、ヤクザにとって〝ヘタ打ち〟の最たることをやってのけた男も梶早であった。

だが、それでも落合は戻ってきた梶早に対し、むろんそれなりの〝焼き入れ〟というお仕置きはしても、あえて処分はせず、役職も降ろさなかった。いくら駄目なヤツとわかっても、落合の場合、数カ月でも側に置くと情が湧いて、切り捨てることができなくなってしまうのだ。

落合の価値観は、男らしいかそうでないか――というただ一点であり、若い衆の教育も、「まっすぐ男らしく生きろ」と一貫していた。不始末ばかりしているからと切ってしまうのは簡単だが、それではその者に一生、「お付きをクビになった男」とのレッテルを貼ってしまう。そうせずに、なんとか男として再起してもらいたい、口で言ってわからなければバンバン手をあげてもその性根を叩き直す――それが落合流の仕込みかたであった。

そんな落合の情が、裏目に出てしまったのが今回の梶早のケースであった。駄目なヤツはさっさと切って、マシなヤツだけで自分のまわりを固めておけば、こんなでっちあげ事件に巻きこまれずに済んだろう――とは、したり顔の者が言う言葉で、どこの親分もそう処していることなのだ、と。

だが、落合にはそれができなかった。

落合は思い出す。あれは二度目の長期刑――懲役12年をつとめ終え出所して間もないときであったろうか。

五代目山口組体制下、最有力直参候補と言われていた3次団体の長（現在は引退）がいて、彼は落合にこう言ったのだ。

「若衆に熱くなって怒らないほうがいいよ。何かのときに歌われて（自供されて）しまうから。頭に来ても怒らず、おだてておいて、何かあったら一番先に懲役にやってしまえばいいんだよ」

これを聞いた落合は、唖然とするよりなかった。なんという恐ろしいヤツだ——と。3次団体ながら抗争に次ぐ抗争を重ね、ヘタな2次団体以上に勢力を拡大させている男の秘密を垣間見たような気がした。

勢力拡大と金儲けしか考えていない男とは聞いていたが、男にとって若衆はそのための道具でしかないのだった。現に男の組織はかなりの若衆たちが懲役をつとめていた。

「どんなにダメな若い衆でも褒めまくりゃいいんだよ。その気にさせるには、それしかない」

男の言い草は呆れるばかりで、落合とは考えかたが根本的に違っていた。

若い衆を利用しよう、使い捨てにしようなどとはみじんも考えたことのない落合は、若い衆を褒めることはめったになかった。悪いところがあれば注意するし、わからないヤツは徹底して怒った。

口で言ってわからなければ、鉄拳制裁や尻バットも食らわせ、焼きを入れることも容赦しなかった。それもこれも、こうして縁あって親子の盃を交わした以上、なんとかこの世界で一人前になってもらいたい、伸びていってもらいたい——という一心からだった。

「オレが百年生きるならこのままでもいいが、オレはいつか死んでしまうんだよ。おまえは一人で生きていくんだ。こんな非常識なことをしていて、誰がおまえを認めてくれる!? 誰が引き立ててくれる!?」

親の心、子知らず——とはよく言ったもので、そんな子を思う落合の真情を、梶早が知るに至るのは、検事にすっかり籠絡され罠に嵌まったあとだったのだ。

《私が署名、指印した調書は全て山本検事、村橋検事が勝手に作って持ってきた調書が殆どです。他にも私の目の前で作ったり山本検事の部屋で私が雑誌を読んでる間、勝手に作ったりしたものです。その後、山本検事は日付けだけ変えて中味は同じ調書を持ってきて署名指印だけしました。私は自分の調書はほぼ全て読んでいません。それは私が山本検事、村橋検事と交渉して私の刑を軽くする代わりに落合さんを事件の首謀者にする約束をしていたからです》

《私は、裁判所で行った227という尋問では村橋検事が、予め問題集を作ってきたので3~4週間かけて練習しました。わからない質問は答えを見せてもらったりしていました。裁判所で227の尋問も練習していたので無事うまくいきました。終わってから村橋検事が地検で取り調べをいれてくれてあったので、そのまま地検の村橋検事の部屋に行くと、山本検事、村橋検事らが待っていました。しっかりやってくれたと喜んでいるところに山本検事の事務官である一ノ瀬がホットコーヒーを人数分持ってきてくれたので私は村橋検事からタバコをもらい何本か吸ってホットコーヒーを頂きました》（梶早俊次の最高裁へ宛てた「陳述書」）

227条尋問というのは、公判前に検察官が、弁護士、被告の立ち会いなしに裁判官の前で行なう証人尋問のことで、今回の「埼玉抗争」裁判では、國井、山本の両検事がこの制度を乱用、彼らが囲いこんだ証人に対し、自分たちで作った問答集を暗記させていた。

落合の一審の証人尋問に立った末岡共次も、尋問当日の1週間前からさいたま地裁近くの宿泊施設「別所沼会館」ツインルームに泊まらされ、検察官と徹底的にリハーサルをして公判に臨んだという。その証人尋問の特訓は連日、検察庁の会議室のようなところで午前と午後の部に分けてみっちり行なわれた。宿泊施設を用意したのも検察で、送迎は警察の車が担当、昼は検察庁で弁当も出たという。

その特訓のたたき台になったのが、以前、逮捕されたときに、末岡が受けた227

条尋問で、末岡は後に最高裁宛の「陳述書」でこう記した。

《227条尋問を担当したのは、岩村検事でした。岩村検事は、この尋問に向けて問答集を作成していました。この問答集は私も実際に手に取って見たことがあります。問答集は、左と右の2つの欄に分れていて、左に質問が、右に答えが書いてありました。答えはキーワードだけではなく、完全な文章の形になっていました。まさに台本でした。これを覚えさせられました》

さすがにこの問答集を末岡が留置場に持ち帰ることは許されず、覚えさせられたのは専ら上尾署の取調室で、岩村とのマンツーマンレッスンは午前、午後ばかりか、夕食後の夜まで続いたという。

《私が作成した調書が事実と違うことは控訴審でも述べたとおりです。別荘で、私のところに落合総長が来て、発言したという事実はありません。落合総長と事件の接点をつけるために、捜査機関にあわせたものです。問答集も事実に反した流れで作成されていました。問答集の流れを再確認するという話もありませんでした》

3

裁判所での227条尋問の本番で、末岡は練習したことをそのまま再現、何一つアドリブの答えはなかったという。

不起訴にするという逮捕前からの約束通り、末岡は227条尋問終了後間もなくして釈放された。

末岡が、浦和西警察署に逮捕・勾留されていた親分の梶早と面会を重ねたのは、自身の逮捕以前、平成21年10月のこと。当時、梶早は接見禁止中であったが、特別に末岡との面会が解除されたのだった。

この面会で、末岡が梶早から聞かされたのは、

「総長が自分に責任を押しつけようとしている」「弁護士が面会に来てくれない」「みんなに裏切られた」

というような話で、さらには、

「山本検事から、検事に協力しないと無期懲役にすると言われている」「（落合）親分もそろそろ逮捕される。おまえらもヤバい」

と梶早は言い、

「おまえもそのうち逮捕されるだろうから、逮捕されたらオレに協力してくれ。協力すれば、山本検事にオレの求刑を安くするように要求するから。オレに協力しろ。検事とは話がついているから、検事に協力すればいい」

と指示されるのもこのときのことで、未岡はそれを、自分もいずれ逮捕されるから、そのときは検事に協力して、落合総長が事件に関与した話を作りあげればいいんだな――と理解したのだった。

同時にこのころ、未岡は梶早の指示で、主任検事の山本佐吉子と何度か会い、メールの遣(や)り取りもするようになる。山本が未岡からのメールで入手したのは、組や弁護士情報、人の動き等であった。山本は未岡との最初の対面のとき、わざわざ来静し、静岡の最高級ホテルであるセンチュリーホテルを取り、スイートルームで事情聴取を行なったという。

梶早の言った通り、平成22年7月、未岡は小西一家総長付の是永和隆、後藤弘とともに殺人罪の容疑で上尾警察署に逮捕される。そのとき山本から最初に言われたのは、

「是永、後藤を逮捕する以上、未岡を逮捕しないわけにはいかない。だが、起訴はない」

というもので、梶早からの手紙にも、

「オレの言った通りになっただろう。検事には話はしてあるから、ちゃんと協力してやってくれ」

とあり、末岡は改めて、

〈落合総長の関与を示すような話をでっちあげればいいんだな〉

と確認したのだった。

末岡が取調べ担当検事の岩村とともに虚偽供述を作りあげていく経緯は、こんなふうであった。

――落合総長は伊豆の別荘では、ずっと部屋にいて、一歩も外に出ていないとは言い切れないのではないか。

「そうかも知れません」

――食事やお風呂のときには部屋から出るのではないか。

「そうかも知れません」

――そうであれば、若衆部屋にも顔を出したと考えるのが普通ではないか。

「…………」

――落合総長は怒ったときはどういうふうに怒るんですか。

「……はあ、それは……」

末岡は普段〝尻バット〟などで落合に怒られたときのことを思い出しながら答えたが、こうした岩村の誘導質問から末岡が覚ったのは、

〈総長が若衆部屋に来て、怒りながら何かしらの話をしたという話を作ればいいんだな〉

ということで、ここから、

「落合総長は夜、若衆部屋へ鬼の形相で現われて怒鳴りまくった」

との供述が生まれたのだった。さらに、

「埼玉では上城やシュン公たちが住吉のヤツらを這いつくばって探している」

とのエピソードは、末岡が別の者から聞いていた事実を、さも落合が知っていたかのように作りあげたものだった。これまた検事の誘導があってのことで、一事が万事、こんな調子で検事と練りあげた合作といってよかった。

そしてその合作供述の総まとめとして行なわれたのが、227条尋問であった。検察が作成した問答集に基づいて、末岡は暗記するほど受け答えの練習に励んで内容を頭の中に叩きこみ、裁判所での尋問に臨んだのだった。

この227条尋問をほとんどそのまま踏襲したのが、落合裁判における証人尋問で

あった。証人尋問直前、未岡は検察の手配した別所沼会館に1週間寝泊まりして、検事と問答集をテキストに受け答えを練習し、本番でその成果を出した。

ただし、公判で伊豆の別荘に関し、227条尋問にあった、

「若衆部屋から一の間の戸を開ける音が聞こえた」「一の間に通ずる廊下を歩く足音が聞こえた」

という供述をしなかったのは、検事がその箇所を問答集から削除したことによる。

227条尋問調書を見た弁護人が、伊豆の別荘で実験を行ない、

「そのようなことはあり得ない」

との報告書を裁判所に出していたからだった。

つまり、検事の推測に基づく供述であったことがバレるのを怖れたのだ。

未岡が検事の卑劣さを垣間見たのは、これだけではなかった。227条尋問が終了してすぐに釈放されたとき、主任検事の山本が接触してきて、未岡にプリペイドカード式の携帯電話を差しだし、

「この電話を使って相手方を挑発するよう喋ってくれ」

と指示するのだ。電話する相手は、小西一家の田中享次と落合勇治の妻さとみであった。挑発に乗り、怒りにまかせて取る2人の言行を捉えて逮捕しようという魂胆だった。

った。

その図が当たり、田中は挑発に乗って、後に中止命令が出るような言動に出たが、普通に対応したさとみは検察官の目論見通りにはならなかった。

そのため未岡は、電話の遣(や)りとりを横で聞いていた山本から、

「もっと挑発しなきゃダメじゃない」

と叱られるハメになったという。

静岡拘置所の床年也のもとへ、山本検事らが面会に来るようになったのは、未岡が浦和西署に勾留されていた梶早と面会し、彼から、

「検事に協力してくれ」

と指示された時期と重なっていた。

床はこのとき山本から、

「梶早さんが床さんに助けて欲しいと言っている」「梶早さんが一人で暴走したんじゃないということを証言して助けてやって欲しい」

などと捜査協力を依頼されるのだ。

床がその話を信用できずに断ると、次に山本は梶早からの手紙を持ってきた。そこ

には、

「オレもカタギになるから、おまえも全部喋れ」「出所したあとの報復は心配するな。全部考えているから」「オヤジを有罪にしてしまえば出てこれねえんだから大丈夫」「小西一家はオヤジでもっているから、オヤジさえ出てこなければ大丈夫だ」

などと書かれていた。

まさか梶早が組を裏切って落合を陥れるような嘘をつくなどと、床には到底信じられなかったので、最初は検事の話を信用できなかった。が、梶早の手紙を見せられているうちに、次第に考えが変わっていった。

さらに梶早の分厚い供述調書を見せられてからは、「梶早が助けを求めている」という検事の言を、信用してもいいかなと思うようになった。

その後も検事らは、

「おまえに期待してるんだから、オレを裏切るようなことはするな」「落合のオヤジを起訴させたい」「オヤジを起訴させなきゃまずいから起訴するように協力してくれ」「検事の言うことを全面的に信用しろ。それがオレの意思だ」

などという内容の手紙を、床に持ってきた。

床が再逮捕されて上尾署に移ってからも、梶早と床の双方に文書の授受・接見禁止

がついていたにも拘らず、梶早からの手紙が届き、
「おまえはオヤジを起訴させるために上尾に来たんだからな」
とあった。

ことここに至って、床は親分の梶早を助けるために、彼の言う通り検事に協力することを決断する。落合が事件に関与したように嘘を言い、大げさに話を作りあげること。それは決して難しいことではなかった。こうして末岡同様、床の嘘、並びに話を膨らませた内容の調書をもとに検事が問答集を作り、それを床が繰り返し練習をして227条尋問を行ない、落合の公判で証言台に立ったのだった。

だが、心中では、落合を始め世話になった人たちを裏切り、罪を被せてしまったことに、床は良心の呵責の念をずっと持っていた。

それでも本当のことを話すとなれば、今度は梶早を裏切ることになるし、いまさら落合や弁護士にあわせる顔もなく、悶々とする日々が続いた。

そんななか、梶早から末岡に、
「オレはもう本当のことを話すから、おまえらもそうしたほうがいいんじゃねえのか」
との内容の手紙が来たと知ったときには、床も心底驚いた。

〈おいおい、待てよ。いまさらそれはないだろ。オレと末岡はいったい誰のために落合さんたちに罪を被せてきたと思ってるんだい!?　すべて梶早さんのためじゃないか！〉

という気持ちである。

それを梶早だけが真実を話すとなれば、オレと末岡の立場はどうなる？　オレと末岡の2人だけが嘘をついた裏切り者になってしまうじゃないか——という理不尽な思いが募ってきた。

と同時に、いや、待てよ、いまこそチャンスではないか、との思いもにわかに湧きあがってきた。それまでなかなか踏みだせなかった一歩を踏みだすいいチャンスではないか、と。梶早一人が話すだけでなく、3人が揃って本当のことを話せば整合性も出てくるわけで、そのほうがかえって真実と信じてもらえるだろう。

かくて床は、高裁で真実を証言しようとの決心がついたのだった。

4

検事によって精神的に追いつめられ、心ならずもやってしまったでっちあげ証言。

それが見事嵌まって落合を陥れることに成功したものの、彼らは今日に至るまで悶々として鬱屈した日々を送ってきたのだ。

その胸に重くのしかかっていた暗雲を、取り払ったことで、彼らも少しは楽になったことだろう。そう思うと、落合は自分のこと以上にホッとし、救われる思いがした。少なくとも自殺せずに済んだじゃないか、と。

だが、それにしても、あの嘘証言を、正義の使徒であるはずの裁判官ともあろう人が、どうして見破ることができなかったのか。それが不思議だった。

梶早たちとて心の奥底では、どうせ自分たちの嘘などあっさり見破られるに決まっている——という気持ちがどこかにあったのではないか。いくらなんでも、こんなでっちあげが法廷で通るはずがない、と。

それがまさかの無期懲役という判決が出るに及んで、一番あわてたのは彼ら自身ではなかったのか。

それほど梶早たちの証言は、「嘘でした」と彼らが覆す以前に、落合がいちいち指摘するのも愚かしいほど、矛盾だらけの代物だった。

まず事件当日の朝、落合から電話を受け、「来い」と言われたのに「行け」と聞き違えたとする梶早の証言。「来い」を「行け」と聞き間違えるというのも不自然だが、

そのあと15分後の梶早と大頭龍落合一家本部長大島直美との電話での遣りとり、

「本部長、どうする？」

「これから埼玉に入ろうと思う」

「オレも行くから乗っけてくれるか」

というのも、かなり変である。

もし、落合から「行け」と命じられたのであれば、大頭龍落合一家五代目である自分の配下の大島に対しては、「おい、行くぞ！」「若い衆を集めろ」との言葉が出るのが普通であろう。

また、そのあとで梶早は小西一家本部に行って、本部長の伊藤誠二に対し、

「オレはどうしますか？」

などと指示を仰いでいるというのもおかしい。その前に、親分の落合から「行けえっ！」と命じられているのなら、「どうしますか？」も何もないはず。まして怒りのあまり常軌を逸した大声で「行けえっ！」と言われたというのだから、この梶早の言動はあり得ない。

しかも梶早は、伊藤誠二の公判では、

「伊藤さんの指示を、まあ、そこで伊藤さんがこっちへ残ってくれって言えば、残っ

たし」

などとも証言しているのだ。親分に「行けえっ！」と言われたので、神戸行きではなくジーパン・セーター姿で埼玉に向かって東名高速を走ったと言いながら、「こっちに残ってくれって言えば、残ったし」とはおかしな話である。

おまけに別の被告の公判では、梶早はその同じ落合の朝一番の電話が、

「何を言っているのかわからなかった」

とはっきり何度も証言しているのだ。つまり、それこそ埼玉へ向かって東名を走ったのは、自分自身の考えであったことを認めているようなものではないか。

梶早は、落合からの二度目の電話も、大きな声で途中で電波が切れたりして何を言っているのかわからなかったと証言している。そのため、同じ総長付の是永に電話をして、そのことを落合に訊いてもらい確認した結果、一度目の電話が「行け」ではなく「来い」の聞き間違いだとわかったと証言しているのだが、これまたヤクザ社会の親分子分の関係では考えられないような無礼な話で、そんな事実は一切なかった——とは是永の証言だった。

それより何より、他の電話（わずか20分ほどの車の走行中、送信14本、受信が3本あった）ではそんなことはなかったのに、なぜか落合の二度の電話に限って、電波が

切れたとか、聞こえなかったというのも不自然である。それがいったい何を意味するのか。梶早が自分の意志で埼玉へ向かおうとしていたにも拘らず、あくまでそうではなくて落合の指示であったという虚偽を作るための工作だったのは明白である。

梶早にはこの日、どうしても東京方面へ行かなければならない個人的事情があったようで、できるなら神戸行きはパスしたいと願っていたフシが見られるのだ。

そこへ降って湧いたように、小西一家系堀政連合と住吉会系組織との抗争事件勃発――との知らせが入ったのは、どうやら彼にとって渡りに船の事態だったようなのだ。

当日の梶早の行動について、直の若衆である末岡共次は、前述の最高裁への陳述書でこう述べている。

《面会のときですが、梶早さんから「実はその日（3月31日）は大事な日だった」と言っていたことがありました。「お金を返さないと伊藤さんがパンクしてしまう」と言っていた記憶があります。「実は」というのは、それまで言っていなかったことを自分に言ったからという趣旨だと思います。「ほかに用事があったんだ」という感じでした。

実際、梶早さんからは事件当日の3月31日、Tの電話番号を教えろと言われたことがありました。このTは、Uさんのところで働いていた人で、Uさんのつきあっていた女性の弟です。Uさんは以前、上野駅の真ん前にある「アルベルゴ上野」というビルの5階で金融業をしていて、梶早さんや私も同じビルの8階で金融をしていたので、よく知っている人でした》

その日3月31日は、まさに月末・年度末という時期である。梶早も当日朝、落合に呼び出されておきながら、本宅へ向かうより先に小西一家本部に立ち寄り本部長の伊藤誠二に会ったことに対し、

「伊藤さんには俺が、その前から幾らか貸していて、残り100万ぐらいあって、その日に俺が、口利いて貸したところが、Sという人間なんだけど、200万を伊藤さんに貸してやってくれと俺が頼んで、伊藤さんが借りていて、延滞していたんで、絶対に返済してくれと、俺のところにも連絡して、恥をかかさないでくれということ」を話した旨を、落合の一審公判で証言、伊藤から資金繰り等について相談されていたことを明かしている。

当日の梶早の電話発信地を見ても、午前9時から午後0時43分までの間は、午前10時39分から49分までの10分間埼玉にいたことを除けば、ずっと東京にいたことがわかり、架電先も前述の未岡の陳述書に登場するTやUの名もあって、金策に動いていた

可能性が高いことが窺われる。

　鬼より恐い親分から常軌を逸した大声で「行けえっ！」と命じられ、なおかつ自宅にまで呼ばれて直接念押しされたとしておきながら、それから4時間近くも個人的な用件を優先させて動いていたというのも信じられない話である。そもそも落合の指示などなかったと見るのが妥当であろう。

　では、なにゆえに梶早は埼玉へ向かったのか？　つまり梶早にとって、当日早朝の「埼玉抗争勃発」の一報は、神戸行きをサボって東京方面で金策に走りまわれる口実ができたことを意味したのではなかったか。そのうえで埼玉方面にも顔を出し、報復部隊と合流して下見をしたり、そのような動きを見せていればアリバイにもなるし、同時に堀政連合会長の小濱秀治にも義理立てができ、一家内で信用を失墜させていた自分自身の名誉回復、男をあげるチャンスにもなる――と考えたのではないか。

　そうした大方の見方を、落合も当たらずといえども遠からず、そんなところだろうと見ていた。

　が、梶早の計算違いは、堀政連合の報復部隊があくまでも本気だったことだ。彼らと合流した梶早が、結局射殺現場まで行くハメになってしまったのは、本気で報復をしようとしていた襲撃部隊に引きずられ、引っ込みがつかなくなったため――と、梶早をよく知る落合には、そうとしか考えられなかった。

当日の梶早のとった行動を見る限り、とても親分に命じられて人の命を奪いに行くという男のものではなかったからだ。報復をやろうと肚を括った男の行動からは程遠く、それは殺人のあった最後の襲撃現場でも如実に現われていた。

梶早たちの乗った車が三角八代目事務所に着くや、梶早は足元にあった包丁も持たずに車から降りたという。

すると、その直後、そこが三角八代目の事務所かどうか確認する間もなく、運転手の大塚が車をUターン発車させてしまった。これにあわてた梶早は、一緒に降りた小西一家若中の田中真二を置き去りにしたまま、大塚の車を全力で追いかけた。その距離、およそ150メートル。

梶早はそのときのことを、田中の公判（第7回、平成24年12月5日）で、

「車が行っちゃったので、相手の組員が来たらまずいし、事務所がどれだかわからないし、何で勝手に行っちゃうんだと思って、私はただ必死になって追っかけただけであって」

と述べている。自分も高い塀を乗り越えて事務所に乗り込むつもりだったと言っていたのに、それとはまるで逆の行動に打って出ているのだ。

堀政連合秀神会を中心とした混成襲撃部隊の放った拳銃音が聞こえたのは、梶早が大塚の車を追いかけている最中のことだった。

ようやく車に追いついて乗りこんできた梶早に、

「田中の組長がまだです」

と大塚が告げても、

「いいから行け！」

と梶早。よほどあわてふためいている様子がよくわかり、梶早の227条調書にある、「落合総長の命令を聞かなかったり失敗したらどうなるか？」との質問に、

「処分されたり、殺されてもおかしくはないと思いました」

と答えているような覚悟を決めた状況で報復に来ている男の行動とはとても思えず、矛盾だらけなのは一目瞭然であろう。

5

梶早の証言によれば、落合は報復の指示をするため梶早をわざわざ自宅に呼びだしたとのことで、その内容も、

「聞いたか？」

「聞きました」

「そういうこっちゃ。神戸に行かなくていい。行っていいぞ」

「行ってきます」

という遣り取りだけであったという。どうしてそんな曖昧な命じかたになったかといえば、隣りに落合の妻が座っていて、総長付の是永や後藤も台所のところにいて聞いていたからだというが、落合にすればバカバカしい限りだった。

しかも梶早は、自身の227条調書と落合公判でそう証言しておきながら、他の3人の被告の公判では、是永と後藤は、車庫でベンツにジャッキをしてあるので、それを外しに行っていたと思う——などと証言を変えているのだ。

その意図は明らかで、自分の嘘が是永・後藤証言によって露呈するのを恐れ、2人は居間続きの台所にいなかったことにしたいのであったろう。ちなみにそのジャッキは、業者の助言もあって事件の4、5年前から使っていないのは、本宅に出入りしたことのある若い衆なら誰もが知っていることだった。

梶早はさらに、そんな電話でも済む程度の話なのに、落合から呼びだされたのは、

「きっちりした人で、何事につけ報告しなければうるさい人だから」

と述べている。

それもおかしな話で、そんな「きっちりした人」が、いくら自分の若い衆とはいえ、風呂あがりのパンツ一枚で椅子に寝たままの姿で、人に聞かれたらまずい大事な秘密の話をするだろうか。「報復に行け」という、下手したら返り討ちにあって死ぬかも知れないし、成功しても長い懲役が待っている命がけの行為をやらせようという指示なのだ。

また、「何事につけ報告しなければうるさい人」というのなら、落合から直接報復を命じられておきながら、それに対して、梶早がその後、定時連絡として決められている翌朝10時まで一切何の連絡もしていないのは、ミステリーというしかない。

落合は落合で、命じたのだから結果を知りたくて首を長くして待っているはずなのに、連絡のない梶早に対し、電話1本入れていないというのも不思議である。

その4月2日午前10時の定時連絡にしても、梶早証言によれば、

「おまえ、何か関わったのか？」

と落合に尋ねられ、梶早が、

「最後のほうは少し関わりました」

と答える遣(や)りとりがあったという。

これまたおかしな会話で、報復を命じておいて、

「おまえ、何か関わったのか？」

はないだろう、まさに関わりに行かせているのだから。

それより、この定時連絡より約4時間半前の同日午前5時半ごろにすでに報復はなされているのに、何の連絡もしてこない梶早に対し、落合は、

「いままで何で連絡してこないんだ!?」

と叱責して当然である。梶早が述べるそれまでの落合の様子から考えあわせても、ここで激しい怒りを見せてもなんらおかしくないはずだが、梶早はそんな形跡すら伝えていない。やはり変であり、梶早証言は矛盾だらけと言っていい。


山口組六代目司忍から盃を受けたとき、落合は感無量であった。山口組直参として、今後は間違っても親分の顔に泥を塗るような真似をするわけにはいかないと、身が引き締まる思いがしたものだ。

金輪際、自分や身内の不始末で親分や本家に累を及ぼすようなことがあってはならないとの自覚も人一倍強かった。

そのためにも、抗争はもとより一家の運営そのものにも一切関与しないという直参

たる者の鉄則を厳守するしかなく、それはとりも直さず、自ら先頭に立って抗争に次ぐ抗争を繰り返し、懲役にばかり行っていた喧嘩人生ともおさらばすることを意味していた。

山口組直参となる58歳まで、落合は二度の少年院を3年余、二度の長期刑27年をつとめ併せて30年余、人生の大半を塀の中で過ごしてきたのだ。それがもう抗争にも関わらず、懲役へも行かずに済むと思うと、落合のなかでホッとする気持ちがあったのも正直なところだった。

落合は山口組直参たちと話をするときも、

「平和が一番だよ。できたら抗争はないほうがいい」

と公言していた。かといって、落合のことを「温厚派」とか「ハト派」、「腰の引けてる男だ」などと軽んじる者は一人もなく、逆に誰もが一目置いたのは、その赫々たる武闘歴がすべてを物語っていたからだ。

落合は山口組直参の鉄則を忠実に守っていた。

小西一家の定例会は毎月一回、静岡市の同一家本部にて同直参全員が集合して行なわれていた。トップである落合の出席は、開会前の5分間だけだった。皆が正座して姿勢を正している広間へ顔を出し、挨拶を受けると、出席をとり、全員で綱領を読みあげる――それが終われば、さっさと退席するのだ。その間、一言も発言することもなかった。

小西一家の総長を継承して以来、同じことの繰り返しだった。

その背景には、昨今、組織犯罪処罰法や暴対法の使用者責任などの新法ができ、捜査機関は山口組直参の逮捕を一番の目標として、重箱の隅をつつくようにしてどんな微罪でも引っ張ろうとしている状況があった。山口組直参は普段から余計なことを言って揚げ足をとられないように若い衆の前では極力気をつけていたし、定例会の場となればなおさらであった。

落合の場合、より徹底しており、小西一家の運営も一切執行部に任せて、自身はなんら関与していなかった。

それが今回の抗争事件に限って、なぜ真っ先に本人の関与を疑われるようなことをする必要があったのか。そもそも組織をあげて報復しなければ、小西一家がヤクザとして立ちいかなくなるというような性格の抗争であったのかどうか。

平成19年7月31日、小西一家と松葉会との間で抗争事件が勃発、小西一家堀政連合組員ら2人が、松葉会國井一家の者によって刃物で刺され死亡するという事件が発生した。だが、小西一家は報復をせず、話しあいで収めている。

梶早の供述によれば、その手打ちは、松葉会の分裂騒動に伴う政治的判断とのことで、あたかもこのときの落合の悔しさが尾を引いて、今回の組織的報復につながったというような話になっているのだ。これまた梶早の明らかな作り話だった。

このときの抗争が報復なき手打ちとなったのは、堀政連合側にも多大な非があったのに加え、殺した側の國井一家総長がすぐに山口組関東ブロック長の滝沢孝に頭を下げ、誠意を見せたことにもよる。かねて小西一家と國井一家双方の間でも、トップや幹部同士で濃い人間関係があったこともあり、落合の判断で速やかに手打ちにしたのだった。

だいいち松葉会分裂騒動が起きたのは、この事件から2年後の平成21年なのだから、それを以ってしても虚言は明白であった。

落合が悔しい思いを抱くはずがなく、ましてそのことが今回の埼玉抗争における組織的報復の動機になったなどというのはあり得ぬ話である。

一事が万事、こんな調子で矛盾だらけ、あやふやとしか言いようのない梶早の供述や証言が決定的な証拠とされ、落合の有罪――無期懲役の一審判決が下ってしまったのだった。

それを控訴審において、梶早を始め、未岡、床の3人が揃って「嘘でした」と覆したのだから、もはや何をか言わんや、真実は何か、今度こそ法廷で明らかになるだろう――と、落合が確信を抱いたとしても、無理はなかった。

6

組織犯罪処罰法違反（組織的殺人）と銃刀法違反の罪に問われた落合勇治に対する控訴審判決公判が開かれたのは、平成28年2月1日午後1時半であった――。

「主文、本件控訴を棄却する。当審における未決勾留日数中、870日を原判決の懲役刑に算入する。当審における訴訟費用は全部、被告人の負担とする」

東京高裁429号法廷に、栃木力裁判長の声が響き渡った。無期懲役、罰金3000万円とした一審・さいたま地裁判決を支持し、控訴を棄却した瞬間だった。

紺のスーツに白のワイシャツ姿で出廷し、直立して主文を聴いていた落合は、思わずわが耳を疑わずにはいられなかった。

幻聴を聞いたのかとも思ったが、むろんそうではなかった。信じがたい、いや、理解しがたい事態に、もはや胸の内で口にする言葉も見当たらなかった。

山口組直参の誇りにかけてなんら感情を表に出さず平然としていたが、実のところ、怒りや絶望感さえ湧いてこなかった。強いて言うなら、計り知れない虚無感、あるいはバカバカしさとでも言ったらいいのだろうか、

〈これだったら、どこに裁判などする必要があるんだろうか？　……まるきり茶番じゃないか……〉

という感慨しかなかった。

栃木裁判長に促され、着席しても、判決理由を読みあげる裁判長の声は白々しく、どこか遠くから聞こえてくるようだった。落合には何もかも現実世界の出来事とは思えなかった。

「……梶早はすでに原審（一審）証言の時点で、自己の有罪判決（懲役14年）が確定し、服役しているのであり、自らの責任軽減のため、被告人ら小西一家上位者に責任転嫁を図る必要がないうえ、生命に危険が及ぶこともあり得る報復の危険を冒してまで虚構の事実を証言しなければならない必要もない。所論が指摘する便宜供与も、すでに服役中の梶早にとって、報復の危険を甘受して虚偽供述を維持する程のものとは考えられない」

「梶早の当審（控訴審）証言によれば、梶早は実際には〝カエシ〟への実質的な関与はなかったのに、原審では逆に本件に深く関与したことを認め、自己の責任を肯定し、

重くするような供述をしていたことになる。しかし、その一方で、梶早は原審証言について、自己の量刑を軽くするために嘘をついたとか、小西一家関係者に事件の責任を被せられたことに腹を立てていたなどと説明しているのであるから、供述経過に関する当審の説明は、梶早自身の事件に関する供述状況とまったく整合していない。原審証言を翻した梶早の当審証言は、不自然、不合理であって、たやすく信用できない」

簡単に言えば、梶早の一審証言は信用できるが、高裁での証言は信用できない——としているのである。

検察官の利益供与についても、「被告人の関与を供述したこととはとくに関係ない」と、切り捨てている。そればかりか、利益供与で便宜を図ってもらった検察官に嘘をつくはずがないとの珍妙な論法で、一審判決を支持しているのだ。

弁護側は、未開示となっていた梶早の供述録取書などについて証拠開示を求めたにも拘らず、地裁がこれを命じなかったのは刑事訴訟法に反すると主張していた。弁護側がそれを求めたのは、梶早が落合の関与を供述したのは本人の起訴後だったとする検察側に対し、取調べの段階で検察側からの利益供与や不当な司法取引があり、これによって一審での虚偽証言が行なわれたことを立証するためのものだった。

それもまた、梶早の供述録取書等に関する証拠開示をしなかったのは、報復の恐れがあるためで、違法性はない――とする栃木裁判長によって、あっさり退けられた。

だが、証拠開示をしないのは、臭いものに蓋をする行為に他ならない。

また、梶早の指示により一審で落合の関与を認める嘘の供述をしたという未岡、床の証言についても、裁判長は、

「報復を覚悟してまで虚偽の供述をするとは思われず、これを覆した高裁での証言は不自然、不合理」

などとして、これを排した。

さらに、総長付の立場にあった梶早が現場で動けば落合総長の関与が真っ先に疑われるはずで、総長が「カエシ」の指示をすることはあり得ないとする弁護側の主張に対しては、

「捜査の手が自己に及ぶことを予期していなかったという他ない」

などと、あっさり片づけた。

そのうえで、「小西一家関係者による一連の報復行為は、被告の意向を確認することなしに行なわれたとは考えられないもの」とし、若頭の小濱秀治との通話履歴（内容不明）から、落合が小濱に「カエシ」の指示をし、それが現場に伝達されたと「合

理的に推認することができる」と結論づけたのだった。

いったいあの梶早たちの控訴審証言とは何だったのか？ 3人の証言は、裁判長たちにまるで顧みられることがなかったのだ。それでは何のための公判だったというのだろうか？ 初めから有罪の結論が決まっている公判を開く必要など、どこにあるのだろうか……？

落合の空虚な胸の中をうつろな風が吹き抜けていくばかりだった。

栃木裁判長は判決理由の朗読を終えると、再び、

「――本件控訴を棄却する」

と主文を読みあげ、二度繰り返した。それは異例のことだった。そのうえで被告人の落合を睨みつけるようにして、

「不服がある場合は上告してください」

と言い渡した。

落合に手錠が掛けられたのは、傍聴人がすべて退廷したあとだった。

落合は手錠のままゆっくりと検察官に近づくと、

「あなたがたは良心が痛まないですか」

と静かに語りかけた。

検察官はこれに応えず、落合と目を合わそうともしなかった。

落合にメラメラと闘志が燃えあがってきたのは、このときだった。

〈私は命ある限りとことん闘いますよ！　いや、たとえこの身が果てようと、闘い続けていきます、地獄の底の石に齧りついても！　この冤罪を晴らす、そのときまで！〉

胸の内で獅子吼していた。

落合側が即日上告したのは言うまでもなかった。

この1週間前の1月25日、親分である司忍の誕生会を兼ねて執り行なわれた山口組新年会に、落合は、

「現場復帰して親孝行させて頂きます」

といういかにも彼らしいメッセージを送っていた。これには出席していた全直参が胸を熱くさせ、なかには涙を流す者の姿もあったという。

控訴審公判の経緯を見れば、誰の目にも、判決当日には落合が逆転無罪を勝ちとって釈放されるのは火を見るより明らかで、そのことを一片だに疑う者はなかった。

釈放されたら落合はそのまままっすぐ神戸の山口組総本部に挨拶に出向く予定でい

たので、当日にはそのための準備も整えられ、数人の直参が都内で待機、朗報を待つばかりだった。

それがまさかの控訴棄却の判決に、関係者は言葉を失い、次いで怒りが湧いて出て、

「あり得ない。要はヤクザだから有罪ということ」

「初めに有罪ありき――の予断と偏見に満ちた判決。まさに国策裁判そのもの」

との感を強くせざるを得なかった。

それから3週間後の2月22日、司六代目は東京・小菅の東京拘置所に赴き、落合との面会を果たしていた。

思えば六代目もまた、「国策」の被害者であった。

平成9年8月、五代目山口組体制下、宅見勝若頭射殺事件が勃発するや、当局は程なくして司忍を含む3人の若頭補佐を、配下組員の拳銃所持事件で共謀共同正犯に問い、逮捕・起訴した。それまで共謀共同正犯の成立には、それを裏づける具体的かつ客観的な証拠が絶対に不可欠という判例が確立していたのだが、検察は、

「警護に当たり、組員が拳銃を持つのはヤクザの行動原理」

という抽象論で有罪に持ちこもうとしたのだ。

一審こそ無罪判決が下ったものの、二審では「具体的な指示がなくても、黙示の共

謀が成立」として懲役6年の逆転有罪判決が出て、最高裁もこれを支持する結果となった。

司六代目は就任3カ月後の平成17年12月から平成23年4月まで、5年4カ月の服役を強いられたのだった。

今回、落合がその標的にされた組織犯罪処罰法というのは、共謀共同正犯の拡大解釈をさらに拡大して、組織的に行なわれた事件におけるトップの責任追及を容易にしたうえ重罰化する——という代物であった。

奇しくも国策に翻弄された2人の俠——固い絆の親子は、面会で久しぶりに顔を合わせた。

落合が司六代目から子の盃を受けたのは、司が下獄直前の平成17年12月のこと。その4年1カ月後の平成22年1月、六代目の服役中に落合は逮捕され、それ以降ずっと勾留が続いていたため、2人が再会したのは実に10年2カ月ぶりで、感動の対面となったのである。

感極まって涙を浮かべ、親孝行できない身を詫びる落合に対し、六代目は温かい励ましの言葉で応えた。

落合は深く感謝するとともに、

「山口組直参の矜持(きょうじ)をつねに忘れることなく、最高裁に臨む所存です」

との決意を表明したのだった。

7

自らの無実を誰よりも知っているのは、他ならぬ本人である。

それが若い衆に命じて報復殺人を行なわせたとして組織犯罪処罰法違反（組織的殺人）というまるで身に覚えのない罪に問われ、一審二審とも無期懲役の判決が下り、いまにも刑が確定しかねない立場に追いこまれれば、誰であれ、あまりの理不尽さに絶望し、気も狂わんばかりになるだろう。まして今回、有罪の決め手とされた一審証言が二審公判で覆されるという決定的な展開があり、無罪を確信していた身にすれば、悪夢のような控訴審判決であったろう。

いくら強靭な精神力の持ち主でも、ガックリ来て立ち直るのも至難の業であるほどのショックを受けたとしてもなんらおかしくない。

夫の強さを誰よりわかっているはずのさとみにしても、さすがに今度こそ気落ちしているだろうと思うのは当然で、判決が下ったあとの最初の面会ほど気の重いことはなかった。夫の顔を見るのがつらく、いったいなんと声を掛けていいものかわからなかった。

面会を待っている間中、針の筵に座っているような心地がして、この日ほど東京拘置所の面会室のドアが恐ろしく見えたことはなかった。番号を呼ばれ面会室に入り、夫を待つ間も不安は増すばかりだった。

やがてアクリル板の向こう側に夫が現われ、恐る恐るそのほうを見たさとみに、

「どうした？　元気出せよ」

と、落合は笑みさえ見せて声を掛けてきた。そこにあったのは、まるでいつもと変わらぬ夫の姿であった。

さとみは内心で驚嘆せずにはいられなかった。ガックリしていないはずはないのに、それを妻にさえみじんも見せずに笑っているのだ。世にこれほど強い男がいるだろうか。

夫がつねづね口にし、信奉しているサムライ精神とはまさにこういうことで、夫こそそれを体現しているではないか。これを現代のサムライと言わずしてなんと言おう。

さとみは改めて見直す思いで、わが夫ながら惚れ惚れとその顔を凝視したものだ。

さとみに限らず、面会に来るすべての人たちを驚嘆させ、敬服させたのは、落合の揺るがぬ精神力と不屈の闘争心に対してであった。

人はどうしたらそんなに強くなれるのか？

これほどの不条理と苦難に遭遇し、もうあとがないという逆境にありながら、それを物ともせず、些(いささ)かも凹むことがなく強い気持ちを保っていられるのは何故なのか？

面会に来る者の誰もが不思議がった。

なにしろ、面会前、下手な慰めや同情は失礼であるし、励ますにしてもどんな言葉を掛けていいものやら、面会者の頭を少なからず悩ますのだが、落合に会ったら最後、そんなことはどこかに吹っ飛んでしまうのだ。

それほど落合は気力とパワーに溢れ、拘禁の身であることを、面会者に忘れさせた。むしろ落合のほうが相手を元気づけ、大いなるパワーを与えているような感があった。

落合から、

「兄弟、躰だけは大事にしてくれよ」

などと気遣われていると、面会者もつい、どっちがシャバにいる身なのか、わからなくなってしまうことさえあった。

落合のこの強さは、いったいどこから来るものであったのか？

《親分（司忍）に直参に取立てられた時に「今迄の直参は直参になると一国一城の主だとふんぞり返っていたが、それでは駄目だぞ。何事も率先垂範」「俠は死ぬまで修行」と言われた事が心に沁み入りました。私は自分が盃によって命を賭けると誓った人は絶対であります。俠と自分で自負しているならば、武士に二言はない筈でありま す。良い悪いなど関係なく親分は絶対ですので、その親分の言葉も私は全身で、いや全心で受け止めます。ですから、「何事も率先垂範」も守り、自分で何事もやり、神戸の事務所（住民運動で使えず）も公務用の家も全て自分で買い若衆達に負担はかけませんでした。「俠は死ぬまで修行」は、こうして冤罪捏造で八年近く拘禁され、このまま無期刑が確定されてしまうかもしれない究極の立場に立たされておりますが、こうして何とか平常心で居られるのも、持って生まれた性格もありますが、親分が言われた「俠は死ぬまで修行」の言葉を全心で受け止め、私もその通りと思っているからこそ、修行の道場に居ると思い定めれば、娑婆に居ても獄の中も同じ事と思います。まだ、「同じ事」ではなく、「思います」がつきます（笑）。國井弘樹主任検事と後任の山本佐吉子主任検事の出世欲によって、完全に法を破り放題に破って捏造された事件ですので、こんな正義の仮面をかぶった醜悪な奴等に負けられないと、生来の正義感と闘争心の強さと、親分始め身内の方々の支援と励まし、家族の応援、全国の任俠界の方々の支援、応援、多勢の作家、ジャーナリスト、学者、友人達の支援があればこそ、現在の元気な私があると心から感謝しております》（落合総長からの手紙）

落合勇治という男には、人を魅了せずにはおかない不思議なオーラがある——とは、その人柄に触れた者の誰もが口にする言葉だった。

山口組の直参の間でも落合は人気があり、東京拘置所に勾留されてこのかた、全直参が交代で面会に赴き、落合を激励し続けた。

いや、励ますつもりが励まされることになるのだが、髙山清司若頭も下獄前、落合と面会し、

「おまえと比べたら、オレなんかションベン刑。それなのに、おまえは凄いな。そうやって平然と精神力保っていられるんだから」

と、その不動の心を絶賛したという話も伝わっている。

ところが、自分のことでは何が起きようとも微動だにしない男が、こと他人のこと、とりわけ親分、司六代目のこととなれば、山口組分裂騒動のときには、

「自分の判決のときは寝られたが、親分のことを考えたら、3日眠れなかった」

となるのだから、なるほど、それもまた、義の男、落合らしい逸話であろうか。

地元の静岡でも、落合のカタギ人気は絶大で、たまたま妻同士が親友という関係で、落合とは家族ぐるみのつきあいという元会社社長は、

「私は総長より7歳下の大里中学の後輩です。中学では総長は伝説の存在になってました。決して弱い者いじめをしない番長で、後輩がいじめられてると聞けば、飛んでいって仇をとるような凄い人がいたんだよ、って。女房を通して知りあったんですが、最初から好きになりましたね。強い男というのは、こんなにもやさしいのかと驚きでした。他人にやさしく自分に厳しい。少年のような心を持った人でね、結局、人が好すぎるから、今度のような冤罪を作られてしまったんでしょうね。ヤクザじゃないかって？　彼こそ男、真の侠客、サムライですよ。ああいう人がシャバにいてくれなければ、世の中、暴力団ばかりになってしまいますよ」

いわゆる菱番記者、〝山口組ウォッチャー〟と言われる山口組担当の週刊誌記者やフリージャーナリストにも、落合ファンは少なくなかった。

逮捕される前、落合は山口組の慶弔委員をつとめていたこともあって、法要や墓参など直参が集結する山口組の大きなイベントがあるたびに、取材に駆けつける彼らと何かと接する機会が多かった。そんなとき、落合は彼らに気軽に話しかけたり、あるいは冗談を言って和ませてくれるので、ウォッチャーたちも気さくな落合に親しみを

覚え、人気もあった。

真夏の田岡一雄三代目の墓参の折には、

「君らが熱中症になり倒れられたら困るから、ちゃんと水分をとっといてくれよ」

と、ペットボトルの水を用意してくれたこともあり、彼らを感激させたものだ。

年末恒例の山口組総本部での大餅つき大会では、ウォッチャーたちも会場で取材が許され、鏡開きの樽酒の御相伴に与るのだが、なかには呑んべえ記者がいて、彼に酒を勧め一緒に飲み比べする役を担うのはいつも落合だった。落合の飲みっぷりは見事なもので、さすがの呑んべえ記者も、勝てなかった。

そんな酒の飲みかたひとつとっても、関西弁で言う〝要領をかます〟ことのできない落合の性格がよく表われていて、記者を唸らせた。

この呑んべえ記者、実は切れ者のジャーナリストとしても知られ、落合裁判は毎回傍聴して取材を続け、事件を鋭く追及してきた一人だった。

何ら客観的証拠はなく、元組員らの虚偽証言を根拠にしたデタラメな一審二審判決に対して、無罪を確信していたという彼は、

「そんなバカな判決があるか！　日本の司法はいったいどうなってるんだ⁉」

と激しい怒りを見せていた硬骨ジャーナリストでもあった。

この山口組ウォッチャー、たまたま取材が重なって落合裁判の傍聴に行けなくなることもあったのだが、そんなときには妻という頼りになるピンチヒッターがいた。彼女が代わりに傍聴しメモを取ることになるのだ。

それが何度か続くうちに、彼女もすっかり落合ファンになってしまったという。検察側証人の不遜な態度に比べ、その堂々とした所作、男らしい立ち居振る舞いが、彼女の琴線に触れたのだ。ついには、夫に、

「落合総長の無罪を祈願して、毎朝起きたらお日様に手を合わせるわ」

と言いだし、それを実践する始末。むろん夫の影響力があればこそだが、関係者でも何でもない、こんな古風な一人の大和撫子をしてそこまで魅了させる落合も、やはり只者(ただ)ではない証しであろう。

8

落合は地元の静岡ではカタギに人気があったばかりか、警察サイドからも、

「彼は約束は守るし、悪さしたり、カタギをいじめたり絶対にしない男」

と、ある程度信用されていたのも事実である。

落合が現在住む駿河区の地域に自宅を購入し引っ越してきたのは、二度目の長期刑から帰って間もなくのことだった。

すると、そこの地域の町内会は、

「暴力団組長がやってくる！」

というので、ちょっとした騒ぎになった。落合がどんな人間か知る者とてなく、世に喧伝される「暴力団組長」のイメージしかないのだから、無理からぬところだった。

町内会では何度も臨時集会が開催され、いまにも反対運動が起きようとしていた。

警察側にすれば、それは歓迎されるべきことで、「暴力団追放」の住民運動は大いに望むところ、バックアップは惜しまないからどんどんやってくれと発破をかけるのが普通だろう。いや、逆に、何も起きないようでは困る——とばかりに、町内会に対し、

「暴力団が来ますよ！　大変なことになりますよ！　黙っていてはダメです！」

と焚きつけ、住民運動を煽るようなことまでやりかねない。

が、それは他の地域に限ってのことで、静岡ではまるで反対の現象が起きていた。

落合をよく知る静岡南署の署長のやったことは何かと言えば、それとは逆——反対

運動を焚きつけることではなく、消し止めることだった。彼は町内会の住民と何度も話しあいを持ち、

「あの落合という男は、皆さんが思っているような暴力団組長とは違うんです。悪いことは絶対しないヤクザです。皆さんに迷惑をかけるようなことはありません」

と説得したというから、普通なら考えられないことだった。

町内会も、署長がそこまで言うならと最後は折れる形になったが、住民にすれば、暴力団組長に変わりなく、そう簡単に納得できるものではなかった。妻のさとみが、隣り近所に引っ越しの挨拶にまわっても、菓子折りは突っ返されたものだ。

それでも落合が引っ越してきて〝御近所さん〟として暮らし馴染んでいくうちに、住民の意識も徐々に変わっていく。なるほど南署署長の言った通りの人物ではないか、と。

落合は町内会の一員として受け入れられるようになり、祭りや運動会など町内会のイベントにも手伝いや参加を求められるようになるのだ。落合は祭りの櫓(やぐら)の組み立てや草取りに、あるいは運動会には選手として喜んで若い衆を送り出し、自らも家族とともに参加した。

落合は市民権を得て、町内会の人たちも、

「落合さんがいてくれるから、治安が良くて助かります」
と言ってくれるまでになったという。

ネット犯罪に手を染め、著作権法違反や電磁的公正証書原本不実記載などの容疑で川越署に逮捕され、ショックのあまり頭を抱えていた29歳の若者Kも、落合に救済された一人だった。

なにしろKにすれば、29歳のこの年まで警察の厄介になどなったことがなく、逮捕も留置場も初めての経験だった。いいところの家に生まれ育ち、一流大学を卒業し、ちゃんとした会社に就職し、まっとうな社会人として生きてきた身であっただけに、いくら自業自得とはいえ、逮捕されたショックは大きかった。

逮捕される前のKは、会社勤めの傍ら、趣味のミズクサの研究に没頭していた。ミズクサは日本では簇生(そうせい)せず、アジアのジャングル地帯の川でしか育たない植物だった。そのため、Kも年中海外に飛び、長期滞在しては調査や観察にいそしんでいた。金はいくらあっても足りず、ミズクサ研究に打ちこみたいがために、つい手っとり早く資金を稼げるネット犯罪に手を染めてしまったというわけだった。

川越署の留置場の独居房に入れられたKは、さすがに当初はガックリときて落ちこみかたもひどかった。

毎日15分間の午前中の運動時間も、仲間の輪に入れず、Kは独り、蹲っていることが多かった。自分はこれからいったいどうなってしまうんだろうという不安でいっぱいだったのだ。そんなKに、ある日、

「おい、どうした？　元気出せよ」

と声を掛けてくれる者があった。それが落合だった。このとき、落合は勾留されて2年目の63歳、Kより34歳も年上である。

Kも隣りの房に入っている落合の存在は知っていたが、どこの何者とも知らなかった。ただ、見るからに威厳があり、只者でないということだけは、Kにもおのずとわかることだった。

なにしろ落合は留置場の中の顔役で、運動時間はいつもみんなに囲まれている人気者であった。他の者の相談ごとに乗ってやったり面倒見たりするので、みんなから慕われている様子は、Kの目にもよく見てとれた。留置場内の揉めごとも、落合が間に入るとすぐに丸く収まるのだ。

だが、Kにすれば、捕まったばかりのころは、自分のことで精一杯、他人のことに関心を持つ余裕もなかった。運動時間も蹲ってばかりいるKに、

「若いんだから、まだまだこれからじゃないか。この世の終わりみたいな顔をしてるんじゃないよ」

と話しかけ、励ましてくれたのが、落合だった。

「君はまだ若くてチャンスがいっぱいあるんだ。出たら、頑張ればいいんだよ」

落合に言われると、Kも不思議に心が落ち着いてきた。何かこっちの心を包みこんでくれるような暖かさを持った男が落合だった。

それからは朝の洗面のときや、運動時間にときどき話をするようになった。

Kは落合がヤクザの親分であることは知っていたが、それ以上のことは何も知らなかった。あとで人から聞いて大物総長と知るのだが、ああ、やっぱりなあという感慨しかなかった。ヤクザといっても、その種の映画やテレビドラマを観たことのないKには、ヤクザに対して無知である分、先入観や偏見もなかった。

Kにすれば、父親ほども歳が上の落合は、なんでも話を聞いてもらえる頼れる存在であった。落合も、隣房のKを、

「何を間違えたのか知らないけど、君はこんなところに来るような人間じゃないんだから」

と、何かと気にかけ、面倒見てくれるのだった。

落合がKにいたく関心を示したのは、Kが中国語をマスターするための本を読んでいると知ったときだった。

「君はどうして中国語を学んでるんだい？」

と落合に訊ねられたKは、

「いえ、そんな深い意味はないんです。僕はどういうわけか、語学のほうの能力が人より少しあるみたいで、英語だけでなく、ドイツ語、インドネシア語、マレーシア語ができるんです。で、せっかくこうして勾留されて時間があるわけですから、今度は中国語を覚えようと思って……」

と答えたところ、落合は目を丸くして唸った。

「君は凄いな！　まるで大杉栄みたいじゃないか。大杉は獄中暮らしが長かった分、一犯一語と言って、刑務所に入るたびにドイツ語からエスペラント語まで、ひとつの外国語をマスターしていったらしいんだ」

今度はKのほうが驚く番だった。

「落合さんこそ、よく勉強されてますね。大杉栄まで読んでるんですか」

「いや、オレも刑務所ばかりの人生だったからな。獄中では本を読むしかなかったんだ」

そんなことがあって、2人はより親しさを増していったのだ。

Kの裁判は長びき、川越署での留置場暮らしは約1年にも及んだ。結果的に懲役3年、執行猶予5年の判決が下って、Kはようやく勾留が解かれたのだ。

川越署を出るとき、およそ1年間を一緒に過ごし、父親のように慕っていた落合と別れるのが、Kには何より寂しかった。

Kにとって、落合の存在がどれほど大きかったことか、その励ましによってどれだけ支えられたことか、計り知れなかった。

もう二度と逮捕されることも留置場に入ることも願い下げであったが、事件を起こし逮捕されなければ、落合に会えなかったのだ。そう考えたら、今度のことは貴重な経験に違いなかった。それほど落合との出会いが、Kの人生の大きな財産となってしまったのだった。

いよいよKが川越署を出るというとき、落合はKに、

「これから真面目に頑張んなさい。おまえさんがここへ入ってきたのはアクシデントみたいなもんで、もう二度とこんなことはないだろうから、くよくよしないで自分の道を突き進んでいけばいいんだから」

と、はなむけの言葉を贈ったものだ。

Kも自宅の住所を書いたメモ用紙を落合にそっと手渡した。

間もなくして落合からKに手紙が来て、Kも返事を書いて文通が始まり、むしろ川越署時代より密な交流になっていく。

Kはシャバに出るや、フリーのカメラマン、ユーチューバーとして活躍しだし、その一方で以前にも増してミズクサ研究熱は高じてきて、海外へ行く機会も多かった。

そのつど落合に手紙をくれるのだが、落合が驚いたのは、Kのミズクサ研究が単なる趣味の域を超えた本格的なもので、インド、スマトラ島からパプアニューギニアまで、ミズクサの簇生（そうせい）するところ、あらゆる国へ行っていることだった。

落合は感心しながらも、その執着ぶりには、

「それだけ自分の好きなことをやれるんだから、幸せだな、おまえは。マイペースなB型人間の典型だな」

と半ば呆れてもいたのだが、もともと落合自身、山や川などの自然が好きで、園芸や庭などにも関心があったので、Kの話には興味が尽きなかった。海外のKの行ったあとを地図でチェックして辿り、感動を共有したり、Kがメコン川で新種のミズクサを発見したことを知るや、落合は、

「おめでとう。おまえだったら絶対できると思っていたよ」

と自分のことのように喜び、祝福してやるのだった。

Kが社会復帰して間もなくして父親が亡くなったこともあり、いつかKは落合を父親代わりとして「ダディ」と呼んで慕うようになった。

その後、落合は東京・小菅の東京拘置所へ移って裁判闘争を続けることになるのだが、Kは日本にいる限り、毎月落合の面会に通い、その雪冤を祈願して酒を断った。

9

控訴棄却の判決が下り、即日上告して1年近く経とうとしていた平成28年暮れ、落合のもとに哀しい知らせが届いた。

同じ山口組直参の兄弟分――というより、同じ静岡で少年のころから仲の良い良知政志が率いる良知組で若頭をつとめる石原英也が、服役中の宮城刑務所で獄中死を遂げてしまったというのだ。

石原は平成18年3月に起きたビル管理会社顧問刺殺事件の関連で、5年後の平成23年10月、同実行犯の元組員（故人）に殺害を指示したとして逮捕された。だが、裁判では一貫して無罪を主張、最高裁まで争ったが、無期懲役の判決を下されて宮城刑務所に服役していた。

この事件は、「そもそも逮捕そのものが不当極まるもの」というジャーナリストの声もあり、控訴審では検察事務官が222点の証拠を放置していたことが明らかになるなど、不可解な点が多かった。

が、裁判所は「ヤクザと組織の行動原理」にもとづいて、

「組員（実行犯）が上層部の指示なく殺害することはあり得ない」

として、証拠がないにも拘らず、石原に有罪判決を下し、刑が確定していたのだ。

まさしく落合と同じような内容（冤罪）と経緯をたどっていたのである。

病魔に襲われながらも、石原は再審請求の準備を進めていたが、12月25日未明、家族も最期を看取ることができないまま息を引きとったという。

「冤罪であり、被告人の人的属性（ヤクザであること）によって刑事訴訟法の大原則を変容させていいのか、首を傾げざるを得ない」

と述べた舟木友比古弁護士によれば、

「石原さんは命に関わる非代償性肝硬変という重い症状を抱えており、早期の肝移植を望んでいる状態でした。しかし、法務省は刑事収容法で『社会一般の医療水準に照らした医療』を謳っていながら、石原さんが組員であることを理由に、昨年2月の刑

の執行停止申し立ても『警備の問題』を優先し、医療をないがしろにしたのです。本人が待ち望んだ肝移植も実現されぬまま、無念の死となってしまいました」(『週刊実話』平成29年1月19日号)

とのことだった。

同じ静岡の組織で昔からよく知っており、しかも似たような冤罪事件で収容生活を余儀なくされている者同士とあって、落合は石原に対して、とても他人事とは思えなかった。

ともに拘置所に身を置いていた時期は手紙の遣(や)りとりをして励ましあったこともあった。

石原は石原で、叔父貴分にあたる落合を、本物の男、ヤクザの手本として尊敬の念を抱いていた。

急逝する直前、石原は妻に、こんな手紙を出していた。

《叔父貴の侠道、腹にしまって生きて行きます。さとみさんとは出来る限りの付き合いをしてください。叔父貴もそれを望んだのだし。我々がどうなろうと永く仲良く付き合って欲しいです。

金は誰でも欲しいかもしれないけど、元々我々は何もない愚連隊だったので、守りに入ってはいけないと思う。常に今まで同様真剣勝負で、いくら残して死んだかより、どうやって死んだかの方が優先だと思います。

家族は裏切らない。毎日、仏壇に手を合わせてくれるのも家族だし……さとみさんとそんな話をして、正月まったりと呑んでください。その頃は生きていれば日赤で会えるかなぁ？　よろしく言って下さいね。叔父貴にも伝えて欲しいと。叔父貴には直に色々と話を聴きたかったと。俠道を。》

この石原の伝言を、妻のさとみを通して受けとっていた落合は、その訃報に、しばし呆然（ぼうぜん）となり、なんともいえない感慨が湧いてきた。

それはおそらく自分の死を予感していたであろう石原の、落合に向けた遺書――最後のメッセージであったのだ。

まったくその通りだよ、石原、男はどうやって死んだかということこそが一番大事なのだ、カネをいくら残したとか、幸せであったかどうかとか、そんなことは男の値うちとは何ら関係ない。いかに死んでいったか――それこそ男の値うちの最たるバロメーターじゃないか。

石原、確かに無念ではあったろうけど、おまえの死は、男として何ら恥ずべきことではない。いいや、見事な死にかたをして見せたじゃないか。

「畳の上で死するは男子一生の恥辱なり」

オレが座右の銘にしている、この宮崎滔天の言葉を、おまえのほうが先に実践して見せてくれたんだな。サムライだったよ、おまえは……

――独り、拘置所の独居で、そんな思いに浸っているうちに、いつか落合の頬をとめどなく涙が滴り落ちていた。

10

私が初めて落合勇治総長と面会したのは、平成29年3月30日のことで、すでに総長の勾留生活は7年に及び、控訴を棄却され、上告してからも1年2カ月の歳月が流れていた。

大阪の二代目東組系二代目清勇会川口和秀会長の紹介によるものであったが、川口会長もかつて「キャッツアイ事件」という抗争事件の首謀者にでっちあげられ、22年間に及ぶ獄中生活を余儀なくされた経験があった。

その冤罪の構図は落合事件ときわめてよく似ており、川口会長が総長の雪冤のため支援を続けているのも、事件を決して他人事ではなくわが事として受け止め、「私の事件と通底する権力側の虚偽・横暴に怒りを覚え、雪冤に少しでも尽力できれば！」との思いからだった。

川口は著書『獄中閑――我、木石にあらず』（TAO LAB BOOKS）の追記で、こう述べている。

《落合さんも過去二回長期刑を服役しました……然し、二回とも裁判で闘ったことはないと言います。なぜなら自分が犯したことが事実である以上、争う必要はないからです。今回に関しては身に覚えがないからこそ、彼は闘っています。そしてご家族は、落合さんがたとえ死んでも引き続き争うと言っています。》

《人は、物事を途中で止めたり、懲りたりすることもあるでしょう。大阪弁で「もうこりた」と言ったりしますが、私は懲りることなく「自利、利他」と仏語にありますが「忘己利他（自利＝己ではなく）」の精神で「落合事件」に尽力する覚悟です。》

（平成29年8月）

ちなみに、キャッツアイ事件で川口弁護団の一人となった下村幸雄弁護士（元東京高等裁判官）の分析によれば（著書『共犯者の自白』）、キャッツアイ事件は、戦後の有名な冤罪事件である「八海事件」のケースと共通して、「犯人が自己の刑事責任を軽くする等のために無実の被告人を引っ張り込む」という「巻き込み型」に類型されるとのこと。落合事件もまさしく八海事件、キャッツアイ事件同様、この「巻き込み型」に他ならないであろう。

さて、私はと言えば、最初の面会から、落合総長の人間的魅力に参ってしまっていた。強さや男らしさとやさしさが何の矛盾もなく同居し、これほど人間的な暖かみを感じられる人もなく、総長と面会を重ねるほどに、お手紙をいただくほどにその思いは強くなっていた。そして男として、その一貫した生きざまの見事さ、性根の凄み――。

《私も川口さんや安東さん（著者注・六代目山口組安東美樹若頭補佐のこと）達と盃を傾けながら語り尽したいという思いが、今、ものすごく強くなっております。他は別に何も欲しくないですね。ただ、本物の俠と語りたい。そして親分に孝行の真似事をして恩ある方々に少しでも恩返しをしたい！　もうそれだけです。それが出来れば、即人生に幕を降しても100％満足な人生だったと思い、大満足であの世に行けます。

知らない人は、私の少年院、長期二回の獄中ばかりの人生、今回逮捕される迄は、拘禁生活三十年七カ月を、大変な人生、大変不幸な人生だと思って同情的な言辞をする人が多かったですが、私自身は、自分自身で選んだ道ですので、全く苦労したとか、不幸だとは少しも思ったことはありません。先日、安東さんとも話をしたのですが、その時に、少しでも男らしくない言動をしたとすれば、その後、娑婆でビールを飲み、ステーキを食べ、女を側に侍らせていたとしても、魂は死んで自分自身を責め続ける人生、地獄の人生で、酒に溺れて早死にしてしまうでしょう。だから、生きている限り、男として、胸を張って生きていたい。だから、世間の人が思う様に、「苦労しましたねぇ〜」「大変でしたねぇ〜」と同情してくれるのとは、本人は全く違い、満足しているんですよね、と安東さんと意見が一致して話した所です。》（落合総長からの手紙）

言ってみれば、落合勇治の人生というのは、ただ一筋に男らしさの追求であった――ということの一言に尽きるのではあるまいか。

ほとんどのヤクザがただのお題目として唱える、「男になりたい、男でありたい、男で死にたい」との三条を、この人だけは生涯のテーマに掲げてそれをまっすぐ実践して生きてきて今日に至り、いまなおそこに生き、そこに死のうとしているのだ。

任俠は武士道なりと一筋に
誠つらぬき花と散るなり

平成29年が私にとって忘れられない年となり、人生のターニング・ポイントと言っても過言ではない年になったのは、まさに落合勇治というヤクザの原点とも言うべき本物の俠、サムライと出会えたからに他ならない。

その平成29年も残り少なくなった12月19日、私は落合総長との面会のため、姐さんとともに東京拘置所へと赴いていた。

この日も、アクリル板の向こうの総長は、おシャレなシルクの作務衣に身を包んで、暖かい笑顔で私を迎えてくれた。顔色も良く、元気そのもの、会話も暗いものにはならず、愉しい話で盛りあがる、いつもと変わらぬ総長の姿があった。

あたかも面会に赴いた自分たちのほうが、総長に元気づけられ、励ましてもらっているという構図もいつも通りだった。

「畳の上で死ぬのは男子一生の恥辱だとか、男の道を貫いていつでも死ねるとか勇ましいことを言ってる割には、用心深くてね、家の中ではいくつも鍵を掛けていたり、各部屋部屋に外敵と戦えるような武器を置いてたり、言ってることとだいぶ違うんですよ」

と、総長。

「それに小っちゃな傷でも大騒ぎして消毒して、バンドエイドを貼ってるから、女房や娘に笑われる始末で、情けない話でしょ」

こっちも思わず笑いながら、

「でも、総長、大事の前の小事で、いざというときのために用心するに越したことはないし、躰は大事にしなければならないのではないですか」

「そうそう、無駄死にするわけにはいかないからね」

などという話をしているうちに、アッという間に時間は過ぎ去り、面会終了時間が迫ってきた。

最後に総長が言ったのは、

「まだ可能性がなくなったわけではなく、望みはありますから大丈夫」

というものだった。

あれ、これでは逆じゃないか、まるで面会に来てくれた総長が、勾留されている私を励ましてくれているようなものではないか——と思ったものだが、実際に私は励まされたも同然となり、希望が出てきたのだから不思議だった。

もしかしたら——という気になり、

〈総長と一緒に酒を飲める日も近いかも知れない〉

とにわかに総長の無罪放免が実現する日を思い描いてしまったのだ。

安田好弘弁護士から伝わってくる話によれば、上告したのは前年2月1日のことで、あと1カ月余で丸2年になろうとしており、最高裁でこれだけ時間がかかっているのは異例のことと言うではないか。

実は落合総長と同じく一審で無期懲役とされた二代目小西一家小濱秀治若頭の二審公判において、やはり落合二審公判同様、梶早、未岡、床の元組員3人が一審証言を覆し、判決はそれを受け入れ、3人の一審証言は信用できないとしていた。ところが、その証言がなくても、指示・共謀は明らかだとして、控訴を棄却したのだった。

関与を裏づける決定的な証拠であったはずの梶早らの証言について、2人の裁判長は真逆の評価をしながら、同じ結果となったのである。

弁護団は上告に当たって、事件の流れや組員、元組員らの証言、供述を詳細に検討した。また、國井検事、山本検事による違法収集証拠を採用した一、二審判決は法の適正な手続きを定める憲法に違反するなどとした上告趣意書を提出し、さらにはその補充書も完成させたばかりだった。

そうした状況下、さすがに最高裁も慎重にならざるを得ず、異例とも思えるほど時間がかかっているのもそのためと考えられ、

「時間が長びけば長びくほど、こちらに有利な展望が開けてくる」

との弁護士サイドの認識も伝わってきていた。

となると、晴れて無罪釈放となった総長との一献——も、決して望みなきにしもあらず、大いに期待できることではないか、と私などは思ってしまったのだ。

だが、その期待はものの見事に裏切られた。なんと私が面会したその日——12月19日付を以って、落合総長の上告は棄却されていたのだった。

最高裁は弁論を開くこともせず、

「上告趣意は憲法違反、判例違反という点を含め、実質は単なる法令違反、事実誤認の主張であって、刑法405条の上告理由に当たらない」

という、たったこれだけの理由により、あっさりと棄却したのである。

そこには、一審で「決定的な証拠」とされた証言が二審で覆り、しかもその二審の証言に関し、落合総長と小濱若頭の判決でまるで逆の評価がなされたことについて検討した様子すら窺えなかった。「慎重にならざるを得ず」どころの話ではなく、上告趣意書や補充書がまともに顧みられた形跡さえ疑わしい、年末のどさくさを見計らった決定としか言いようがなかった。

かくて無期懲役判決が確定したのである。

こんなことがあっていいのだろうか……呆然とする他なかった。私を襲ったのは、失望というより遣りきれなさであった。次いで司法権力に対する怒りが沸々と湧いてきた。

落合総長から電報が届いたのは、そんなときだった。

《先生、棄却通知が参りました。補充書を提出したばかり。安田先生の補充書を見て、これなら小学生でも分る。こんな分り易い捏造事件はない。これなら、と思った矢先のことです。裁判官にはこんな分り易いことが分らないのか？　分っていてのことか？（笑）年明けには修行の道場に入ります。先生と飲みながら心ゆくまで語りあいたかったです。川口さん、安東さんも混じえて。本当にそれが出来なかったのが心残りです。》

こんな極限状況に置かれても、なお（笑）マークが入るお馴染みの文面。苦しいときこそ笑ってみせるという精神的ダンディズムの極致。なんと凄い男なのだろう——これぞ落合勇治という男の真骨頂なのだった。

それにしても、総長には休息というものは許されないのだろうか。つねに闘いを強いられた人生。死ぬまで闘い続けなければならない宿命を背負った男。男が男であることを証明するための闘い。

それでも決して怯むことなく、不屈の闘争心を剝きだしにして、その荒野へ向かってまた一歩力強く足を踏み出す男——それこそ落合勇治なのだった。

終章

その人はいつもと同じ表情、まるで変わらぬ笑顔で私たちの前に現われた。

年が明けて早々、東京拘置所・面会室——。

落合勇治総長の顔がとりわけ綻んで見えたのは、私の隣りに川口和秀会長の姿があったからだろう。

私にしても、総長との縁を結んでくれた川口会長に同行し、総長と最後の面会ができたことが何よりありがたく、これまた〝縁〟を感じずにはいられなかった。

そうは言っても、面会前、私の胸中は千々に乱れていた——。

もしかしたら、これが総長との今生の別れとなってしまうのか？　一緒に酒を酌み交わすという願いは、本当に夢と潰えてしまうのだろうか……いやいや、そんなことはあるまい。いつか必ず、互いに生きている間に、その夢が叶う日が来るだろう……

それにしたって、国策というなら、権力は何でまた、よりによって落合総長をターゲットにしなきゃならないんだ!?　暴力団とは違う、最もヤクザらしいヤクザ、本物の任侠を潰してどうするんだ!?　もっとズルくてワルいエセヤクザ——暴力団がいっぱいいるだろうに……

本物を潰してニセ者をはびこらせるとは、権力もいったいどういう了見なんだろ?まったく不条理とはこういうことを言うんだろうな……

——などと、まあ、あれこれ考えずにはいられず、今度ばかりは総長と会ってどんな話をしたらいいものか、つらくもあった。

総長からも、こんな手紙をいただいていた。

《今回の棄却を知って、山口組の直参の兄弟分達の多くが自分の事の様に受止め悲憤慷慨して、何人も男泣きしてくれたそうです。本人は言って来ないですが、他の人達より知らせてくれました。心に沁みる手紙、電報も数多く来ております。本当に私は幸せ者だと思っております。

親分はじめ世界一のファミリーの身内の兄弟達と心は繫がっております!

先生!　死ぬまで一緒!　死んでも同志ですよ!

何百枚も書きたい、言いたいことは山程ありますが、今は全て飲み込んで黙って道場に入ります。》

私はこみあげてくるものを抑えることができなかった。こんな崖っ縁に立たされても、総長はなお自分のことよりまず親分や兄弟たちに思いを馳せ、その熱い支援に感動し、自分を幸せ者であると断じているのだ。

私を「同志」と呼んでくれているのは、文通を重ねるうちに互いに熱烈なる三島由紀夫の信奉者であることが判明し、私が、

「それなら総長と私は同じ三島門下生で、総長は私の兄弟子、いわば同じ三島教の信者、三島党の同志のようなもんですね」

と軽口を叩いたら、総長も「それはいいね（笑）」と応じてくれていたことによる。

落合総長という男の中の男、現代のサムライから「同志」扱いされるのは男冥利に尽きるというものだが、ともあれ、そんなわけで、私は総長との最後の面会に、どんな別れの言葉を交わしたらいいものか、果たして涙を堪えることはできるだろうか——と、思い入れも甚しかったのだ。

ところが、総長と川口会長ときたら、私のような感傷からは程遠く、その会話も、刑務所は己を鍛えるための道場で、高野山か比叡山に入るようなものであるとか、千日回峰行に関心があるとか、修行の話ばかりなのだった。

どうもこのかたたちは、共通の生涯の友という安東美樹若頭補佐も含めて、享楽を

求めてヤクザになったのではなく、ストイシズム（禁欲主義）を求めてのヤクザ入門であったように思えてならない。いずれも自分に厳しく何事かを課して生きる――ということにしか生きがいはないのかと思えるほど、限りなくストイックなのだ。

10代のころより、武芸者が山奥の川のあたりに小屋を建て畑を耕して剣の修行をする姿に憧れたという総長は、若い時分、毎日拳立て伏せ1000回、腹筋500回、スクワット3000回との目標を立て、怠け心と闘って日夜努力し目標を達成したという。いまも獄中にありながら、同じような目標（むろん回数は減少したとはいえ）を立てて打ちこんでいるというし、22年の獄中暮らしを経て60代でフルマラソンを完走した川口会長は写経とランニングを日課とし、酒も煙草もやらない安東若頭補佐は、多忙の中、空手や筋トレ、ランニングなどに取り組み鍛えているという話も伝わっている。

それはともかく、短い面会時間、最後となるやも知れないのに、お二人とも修行云々の話より、もっと別れを惜しむに相応しい会話はできないものかと、私がひとり、気を揉んでいると、それと察したのか、総長が、

「……人には負け惜しみと言われるかも知れないけど、そうじゃなくてね、私はいま置かれた状況を少しも寂しいと思ったことはないんですよ」

と話し始めた。

「なぜなら、どれほど離れていようと、たとえもう会えなくなるかも知れないにせよ、生きてる限り、いや、死んだとて同じこと、直参の兄弟たちはもとより、川口さんや先生との心の繋がり——絶対的に揺るぎのない心の繋がりがありますからね。この繋がりがある限り、どこで生きよと、どこで果てよと寂しくないし、悔いもないですよ」

胸に沁みいるような言葉だった。川口会長も大きく頷いている。

そうしているうちに、いよいよ面会の終了時間が迫っていた。

担当の刑務官が、その旨を告げる。

——時間であった。

先に川口会長が総長と別れの挨拶を交わし席を立った。

次いで、私の番だった。

「じゃあ、先生——」

総長が双方を隔てるアクリル板に、バンと掌を置いた。それに応じ、私も掌を合わせた。

「お元気で」

「総長、またいつかお会いできますよね」

そのとき、二人を隔てるアクリル板は消え、総長の掌の温もりが感じられるような気がした。

「総長、お躰だけは大事になさってくださいよ」

「ありがとう、先生のことはいつまでも忘れませんよ」

忘れられないのは、こちらのほうだった。

わが胸に刻まれた現代の伝説、永遠のサムライ――。

笑みを残したまま、その人は扉の奥にと消えていった。

解説

片瀬 裕

冠省、今般は新著二冊御恵送給わり深謝申し上げます。

力作『サムライ』、頁を繰る間ももどかしい思いで一気に通読致しました。

古来、「片言獄を決するなかれ」とは法に携わる者への戒飭として司法官を律した金言と聞き及びます。貴著によれば、男女二名の検察官の法匪の名に値いする奸策によって架空の犯罪が構成され、咎なき人が獄舎に繋がれるという理不尽が罷り通っているとの事。その詳細を読み進むにつれ、國の大本とも言うべき司法が恣意により歪められ、人的属性とやらの新規の法概念により「法の前の平等」という近代法治主義の鉄則と、何人たりとも備える人権の原則が易々として蹂躙されている事実を知り、剰え現下日本の裁判制度が各審級に於てかくまで公正を欠く現状を知らされ、驚きと痛憤の念を禁じ得ません。

法匪どもによる右の如き所業は「共同謀議」なる架空の犯罪用件によって罪なき

人々を縊り殺し、「人道に対する罪」なる、これまた新規の罪名によって「人道」そのものを抹殺した、かの東京裁判。さらに検事らの明白な捏造により十九名の起訴者を出した昭和九年の司法・検察ファッショ事件を彷彿とさせます。

司法の名をかり、国民の眼の届かぬ場所で為される不正行為に対する貴兄の激しい怒りが行間に奔騰するのも洵に故なしとしません。この書は、法規範主義の躓き石とも言われつつ、ともすれば日常とは無縁とされがちな冤罪についての好個の読み物であり、国家の威信に名をかりて自ら不法を事とする法匪どもへの堂々たる挑戦状であり歪められた司法に対する怒りをこめた告発の書である事を疑いません。

さるにても、貴兄の縦横な筆致によって落合勇治なる好漢があたかも眼前に佇んでいるような思いに囚われました。練達の筆はもとより、この好漢に寄せる貴兄の深切な同情と、その半生を貫いた男気に対する掛値なしの共感の為せるわざと拝察しました。

扨、高度技術文明の進展にともない、社会の凡ゆる領域が中性化をきたし、男女間の性的緊張関係が弛緩して文明の興隆に反比例して文化が凋落する現象は、一種の病理として夙に指摘されますが、これは既に二十世紀の初頭から具眼の思想家、文明批評家により文明の宿命として警告が発せられていました。本来、生活の手段に過ぎない技術が、その高度な発展を遂げるにつれ人間精神を圧倒し、衰弱させ、やがては死に至らしむるというペシミスティックな預言的警告です。その顕著な予兆こそ性的緊張関係の弛緩と目されております。現下日本のおびただしい中性化、あらかたの成年男子に見受けられる「中性思考」を見聞きするにつけ、この悲観的文明批評の正しさは雄弁に立証されるところです。言葉の深い意味でまさに腐朽したこの時代、人間精神の偉大がかえりみられざると同様に、男子の気概や男気などの徳目は一顧だにされず、むしろこれを過去の遺物として排斥する論調が世に迎えられる始末です。

男は男らしく、女は女らしく生きる。この一事は古今東西の歴史を貫く人倫の基本です。これを否定する奇怪な論調こそ、「不寛容・中性化・無菌」社会をよしとする畸型的電脳文明に汚染され衰弱した〝末人〟思考の産物に他なりません。

科学技術の進保と人間精神の凋落かくも鮮やかな対比を描いて我々の眼前につきつけられている。吾人はその証人たらねばなりません。

それにつけても、挙世滔々として浮薄な中性化に流されるさなか、こうした唾棄すべき時代思潮に敢然と抗し、男の魂を通じて精神の所在を問い続ける貴兄の文業に衷心の敬意を呈します。

本書を拝読して、平成のやくざ社会にもかくの如き任侠の士が実在したことを一種の驚きをもって知らされました。

ことに「終章」の東京拘置所に於ける面会の記述は、学生時代より怯々四十年の交遊により貴兄の純粋な気性を識る小生だけに、この好漢に対する貴兄のいつわりなき痛惜の念に深い感動を覚えました。男心は男にしかわからぬという一つの真理が語らずして美事に立証されていたからです。

「士は己れを知る者の為に死す」とは史記刺客伝に刻された千古の名言ですが、無実にして囹圄に在る落合氏も貴兄の真情にさぞや莞爾たる思いでありましょう。判決の如何にかかわらず落合氏の一方の雪冤は貴著により達せられたと思います。

願はくば再審の道を切り拓き正義の審判が下されることを祈念し「罪」に服さず「刑」に服すこの好漢の健勝を祈るばかりです。

山平重樹大兄　侍史

令和二年五月　片瀬　裕　再拝

（編集部注・解説は昭和史研究家の片瀬氏が著者に宛てた手紙から引用した）

この作品は2018年3月徳間書店より刊行されました。
文中の組織名・役職などは当時のもので、一部の人物を仮名にしています。（敬称略）

徳間文庫

サムライ

六代目山口組直参 落合勇治の半生

2020年7月15日 初刷

著者 山平重樹（やまだいらしげき）
発行者 小宮英行
発行所 株式会社徳間書店
東京都品川区上大崎三−一−一 〒141−8202
目黒セントラルスクエア
電話 編集〇三（五四〇三）四三四九
販売〇四九（二九三）五五二一
振替 〇〇一四〇−〇−四四三九二
印刷
製本 大日本印刷株式会社

ISBN978-4-19-894575-6 （乱丁、落丁本はお取りかえいたします）